Jessie Grace U. Rubrico's

magbinisaya kita
PRIMER 1

languagelinks.org

MAGBINISAYA KITA
PRIMER 1

Revised Edition 2009

NI

JESSIE GRACE U. RUBRICO, Ph.D.

Language Links Foundation, Inc.

Quezon City, Philippines

ISBN 978-971-93688-0-9

Design: Jonathan Mark U. Rubrico

Published and distributed by
Language Links Foundation, Inc.
Quezon City, Philippines
e-mail address: foundation@languagelinks.org

CONTENTS

FOREWORD

Magbinisaya Kita Primer 1 is the first of a two-module course in basic Cebuano/Bisaya. The thirteen lessons here are designed to introduce the learners to the fundamentals of the language in a step by step process that enables them to get a good grasp of the language. All the basic structures discussed here are the stepping stones to higher competencies. Memorization is minimized as basic concepts are understood and applied.

These modules have been piloted in a one-on-one classroom instruction from 1995 to 1999 with expatriate and Filipino learners who found the approach effective and accordingly rated it "Excellent." Since 1998, the Magbinisaya Kita Primer 1 has been taught to distant learners all over the globe via email tutorials. Some minor "tunings" had been put in place for the distant learners.

The author is indeed grateful to the following Cebuano learners who had lessons with her and who contributed much to this project through their feedbacks: Marie Paule Litz Neu and Rainer Heinrich Neu (Ph.D) of Germany; Linda Steinacker of Canada; Kauro Kato and Masako Ishii of Japan; Anna Marie Hilsdon, Ph.D. of Australia; Daniel Tessin, Kathleen McLin, Tom Marking of the USA; and Assad Negyal of the UK. Likewise, she thanks Cebuano enthusiast, Tim Harvey of Oregon, USA for the encouragement and support he extended in the initial (1999) publication of Magbinisaya Kita Module 1.

The Magbinisaya Kita series includes: Magbinisaya Kita Module 1 (Beginner 1); Magbinisaya Kita Module 2 (Beginner 2); Magbinisaya Kita Module 3 (Intermediate); Magbinisaya Kita Module 4 (Towards Fluency); Magbinisaya Kita for Kids; Magbinisaya Kita Phrase Book Learner Edition, and Magbinisaya Kita Phrasebook Tourist Edition.

It is the author's desire that these resources will help those who are seriously pursuing Cebuano language acquisition.

Jessie Grace U. Rubrico, Ph.D.
www.languagelinks.org

Magbinisaya Kita : Introduction

I. The Language

Binisaya, which is generally referred to as Bisaya or Cebuano, is one of the major languages in the Philippines. This is spoken in Cebu, Bohol, Negros Oriental, southern Leyte, and in almost all places in Mindanao.

In this module, Binisaya, Bisaya, and Cebuano are used interchangeably –they mean the same language. This is because the people in Mindanao do not call their language Cebuano, which to them is the language of Cebu. In addition, Bisaya here is not to be misunderstood as the bigger aggrupation of Visayan languages, which includes Cebuano/Binisaya, Waray, Hiligaynon/Ilongo, etc.

II. The Primer

Jessie Grace U. Rubrico's Magbinisaya Kita, Primer 1 was first printed in 1999. The format is concise and functional. It includes thirteen lessons, four examinations, a glossary, a list of idiomatic expressions and useful phrases, and a simplified compilation of grammar rules and the Cebuano phonology at the end of the module. It treats non-verbal predicates or comments --nominal, locative, benefactive, possessive, temporal, and numeral. It also touches on simple verbal expressions: there is/are; has/have; want/like; and, need. Approximate study time for this module is 60 hours. Once this module is mastered, the learners are then ready for the second module --verbal predicates or comments-- which they can deal with more confidently.

In this 2006 edition, each lesson is introduced with a dialog or a text (1). The Vocabulary section (2) gives the English gloss to the terms used in a particular segment and lists some common and idiomatic expressions therein. The Practice section (3) is designed to initiate the learners into activities that can help them internalize the lessons. The Grammar Notes section (4) attempts to adequately explain the rules, structures or patterns of language use in a much simpler presentation. Section (5) provides exercises toward application of the lesson.

III. The Author :   Jessie Grace U. Rubrico, PhD

Dr. Rubrico has been teaching Cebuano to foreigners and Filipinos alike since 1994. She started with one-on-one- tutorials or tutorials of two or three in a reputable language school in Quezon City. Due to the lack of instructional materials which are light and simple yet functional and easy to learn from without much memorization and mimicking, she developed modules based on the feedbacks of her language learners.

This module is the product of her quest for a simpler and easier method of Cebuano language instruction. The Magbinisaya Kita Module 1 was first printed in 1999 after some revisions to accommodate suggestions and comments from the learners. Prior to that, it underwent minor revisions to cater to distance learners all over the globe. It has reached over a thousand learners from North America, Canada, Europe, Australia, and Asia, including the Philippines.

Beside the Magbinisaya Kita series, Dr. Rubrico has also developed pedagogical modules for Cebuano and Ilokano for a prestigious language institution in California, USA. She has also published the Magbinisaya Kita Phrasebook and has completed for publication the Ilokano, Waray, Chavacano, Yakan, and Tausug phrasebooks. She's presently working on pedagogical modules for other Philippine languages and the compilation of a Cebuano-Visayan- English dictionary.

Dr. Rubrico is consultant for Philippine languages to a number of companies in the United States, Canada, and Europe. She develops tests for different levels of proficiency in Philippine languages, manages linguistic and language research and projects, and networks for language practitioners in the Philippines.

(http://www.languagelinks.org/about_jessie.html)

Pronunciation Guide For Cebuano

	English key	
a	*father*	asúkar (*sugar*), abóg, (*dust*), áwto (*car*)
i[1]	*mini*	ikáw (*you*), sékretàryo (*secretary*), tiíl (*feet*)
u[2]	*two*	túo (v. *believe*) tinúod (*true*), bastós (*ill-mannered*), úlo (*head*), túhod (*knee*), túbig (*water*)
b	<u>b</u>ank	bakós (*belt*), bukóg (*bone*)
k	<u>c</u>arpet	káhoy (*tree*)
d	<u>d</u>ike	dálan (*road*)
g	<u>g</u>ate	gátas (*milk*)
h	<u>h</u>ot	hágdan (*stair*)
l	<u>l</u>uck	lamas (*spice*)
m	<u>m</u>an	manók (*chicken*)
n	<u>n</u>ow	nútbuk (*notebok*)
ng	ri<u>ng</u>	ngípon (*teeth*)
p	<u>p</u>en	papél (*paper*)
r	<u>r</u>ed	rósas (*rose*)
s	<u>s</u>oap	sabón (*soap*)
t	<u>t</u>ap	táwo (*person*)
w	<u>w</u>ash	walâ (*none*)
y	<u>y</u>en	yáwi (*key*)
/?/[3]	*?uh?uh*	amô (*monkey*)

Stress or accent is phonemic in Cebuano, that is, the meaning changes when the stress on a word shifts. For example:

- túo (believe) --tuó (right hand)
- walâ (none) -- walá (left hand) -- wálâ (get lost)
- ámô (ours) -- amô (monkey) -- ámo (master)

[1]/i/ may be written [i] or [e]

[2]/u/ may be written [o] or [u]

[3]/?/ --the glottal stop—usually indicated by a hyphen or a [?] or [q] when the glottal and the accent fall on the same segment the nucleus of the segment may be marked thus : [â, ê , î , ô, û]

1 *Leksyon 1 Ikaw Ug Ako Ug Ang Uban Pa*
Lesson 1 You and I And The Others

1. DIALOG 1

- Nag-ilaila ang maestra ug ang iyang mga estudyante

Jessie	Maayong buntag kaninyo Ako si Jessie. Ako ang inyong maestra.	*Good morning to you.* *I'm Jessie.* *I'm your teacher.*
John	Maayong buntag usab kanimo. Ako si John.	*Good morning to you, too. I'm John.*
Jessie	Ug kinsa man siya?	*And who is she?*
Paule	Ako si Paule	*I'm Paule*
Jessie	Kumusta man kamo?	*How are you both?*
John	Maayo man. Ikaw?	*We're fine. And you?*
Jessie	Maayo man usab.	*I'm fine, too.*
	Taga-asa diay kamo?	*Where are you from?*
John	Taga-America ako. Amerikano ako.	*I'm from America.* *I'm an American*
Paule	Ako, taga-Germany. Aleman ako.	*I'm from Germany.* *I'm German.*
Jessie	Unsay inyong trabaho?	*What do you do?*
John	Misyonero ako.	*I'm a missionary.*
Paule	Ako, propesor.	*I'm a professor.*
Jessie	Nganong gusto man (ka)mong magtuon ug Cebuano?	*Why do you want to study Cebuano?*
John	Kinahanglan namo kini sa among trabaho.	*We need it in our job.*
Jessie	O, sige magkita kita ugma.	*Okay, we'll see each other tomorrow.*
John	Daghang salamat.	*Thank you very much.*
Jessie	Walay sapayan	*Don't mention it.*

2. VOCABULARY

2.1 Vocabulary

	Eng. gloss		Eng. gloss
Aleman	German	**maestra**	teacher
asa	where	**magkita**	to see each other
babaye	woman	**magtuon**	to study
buntag	morning	**misyonero**	missionary
kinahanglan	necessary	**ngano**	why
kinsa	who	**pag-usab**	again
lalaki	male, man	**taga-asa**	from where
maayo	good	**unsa**	what

2.2 Common Expressions:

Daghang salamat	Thank you very much
Doktor ako; misyonero sila.	I'm a doctor; they are missionaries
Kumusta ka man?	How are you?
Maayo man. Ikaw?	I'm fine. And you?
Maayong buntag	Good morning
Maayong buntag sab, kanimo	Good morning to you, too.
Taga-asa man kamo?	Where are you from?
Taga-China kami.	We're from China
Unsay inyong trabaho?	Literal: What's your job?
Walay sapayan	Don't mention it.

2.3 Other Phrases

Pagbansay	Practice
Paminawa ang audio	Listen to the audio
Pagpangutana ug Pagtubag	Asking and Answering Questions
Tun-i kini	Study this

3. PRACTICE (PAGBANSAY)

3. 1 Pagbansay : Get a partner to give the reply to the following gambits. Then he/she reads the gambits and you give the reply.

Gambits	Reply
Maayong buntag, (kanimo)	Maayong buntag, usab, (kanimo)
Kumusta ka?	Maayo man. Ikaw?
Taga-asa ka?	Taga-Cagayan de Oro ako.
Unsay imong trabaho?	Propesor ako; Enhinyero ako
Salamat; Daghang salamat	Walay sapayan

3.2 Pagbansay: Pagpangutana ug Pagtubag

Basic Sentence	Question	Positive
Amerikano si John.	Amerikano ba si John?	Oo.
Propesor si Paule.	Propesor ba si Paule?	Oo.
Pilipino ang maestra	Pilipino ba ang maestra?	Oo.
Misyonero si John	Misyonero ba si John?	Oo.
	Enhinyero si John, di ba?	Oo, enhinyero siya
	Kinsa ang enhinyero?	Si John
	Unsa si John?	enhinyero
Taga-Germany si Paule.	Kinsa ang taga-Germany? Taga-asa si Paule?	Si Paule Taga-Germany

3.3 Pagbansay: Negation

Basic Sentences	Negation
Propesor si Paule.	Dili propesor si Paule.
Pilipino ang maestra.	Dili Pilipino ang maestra
Enhinyero si John	Dili enhinyero si John
Maestra si Jessie	Dili maestra si Jessie
Taga-America si John	Dili taga-America si John

3.4 Pagbansay: Paminawa pag-usab ang audio ug tubaga ang
    mosunod:

   a) Kinsa ang maestra?
   b) Kinsa ang mga estudyante?
   c) Taga-asa si John?
   d) Taga-asa si Paule?
   e) Unsay trabaho ni John?
   f) Unsay trabaho ni Paule?
   g) Aleman ba si John?
   h) Nganong magtuon man silag Cebuano?
   i) Kanus-a sila magkita?

3.5 Pagbansay: Write an introduction of yourself in Cebuano in five
    sentences or more.

4. GRAMMAR NOTES

4.1 The simple sentence in Cebuano may be divided into two
    immediate constituents (IC) or parts:

IC$_1$	and	IC$_2$
Ako		si Jessie
Siya		si Paule
Filipino		ang maestra
Amerikano		ka
Aleman		siya
Filipino		kami
Amerikano		kamo
Babaye		kita
Lalaki		sila si Pablo ug John

4.2 Sentence order is generally flexible. IC$_1$ and IC$_2$ can change places.
    Thus, Si Jessie ako; Si Paule Aleman, etc.

4.3 Names of persons are marked with *si* if singular and *sila si* if plural.

Examples: si John, sila si Pablo ug John.

Common nouns in the topic (IC$_2$) position are marked with *ang* if singular and *ang mga* if plural.

Topic[1] Structure:

Singular	Plural
ang + common noun	ang mga + common noun
si + person's name	sila si + persons' names
ako, ikaw, siya	kami, kita, kamo, sila

- "Ikaw" becomes "ka" when placed in the second position in the sentence.

    Examples: Kumusta ka?
    Lalaki ka, babaye kami. [*You're a man, we're women*]

4.4 Comments or Predicates of the sentences above are nouns: nationality; occupation; gender; and personal pronouns.

4.5 Transformations. Cebuano sentences may undergo the following transformations:

a) Asking Questions

a.1) Yes-No Question: Insert the particle "BA" in the second position of the sentence

Examples: Filipino ba si John?   [*Is John a Filipino?*]
           Misyonero ba si Pablo?   [*Is Pablo a missionary?*]
           Propesor ba si Paule?   [*Is Paule a professor?*]

---

1 For convenience, Topic (generally, IC$_2$) is that which is being talked about in a sentence and the Comment (generally IC$_1$) is what is being said about it (predicate).

a.2) Answering a Yes-No Question:

Affirmative answer: Add "Oo" at the beginning of the sentence:

> Example: Aleman ba ang propesor?
>> Oo, (Aleman ang propesor).

Negative answer: Add "Dili" at the beginning of the sentence.

Example: Aleman be si John?

>> Dili. (Dili Aleman si John.)

- When the pronoun "ka" is present, it takes the second   position.

> Example: Propesor ka ba?   [*Are you a professor?*]
>> Taga-Pilipinas ka ba? [*Are you from the Philippines?*]

a.3) Tag Questions: Add the phrase "DI(LI) BA" to the sentence.

> Examples: Amerikano si John, di(li) ba?
> [*John is an American, isn't he?*]
>
> Estudyante ka, di(li) ba?
> [*You're a student, aren't you?*]

a.4)   Wh-question (Questions asking who, what, etc.)

a) Substitute the wh-phrase with the thing being asked.

- Examples:

Misyonero si John	Unsa si John?	*What does John do?*
Taga-America siya	Taga-asa siya?	*From where is she/he?*
Siya si Paule	Kinsa siya?	*Who's she?*

b) Negation: Start the sentence with negative particle "DILI"

- Examples:

Dili misyonero si Paule	*Paule is not a missionary*
Dili estudyante si Jessie	*Jessie is not a student*
Dili Filipino si John	*John is not a Filipino*

1

c) Expansion: Sentence may be expanded by adding modifiers to its constituents.

Examples: estudyante + sa Cebuano [*a student of Cebuano*]

Estudyante sa Cebuano si Tim.

[*Tim is a student of Cebuano*]

5. EXERCISES (Homework)

1. Translate the following sentences to Cebuano:
   a) She's a secretary.
   b) Paul and John are missionaries.
   c) The teachers are Filipinos.
   d) Ben is a driver.
   e) They will see each other tomorrow

2. Negate your translation of sentences above.

3. Transform these sentences by asking Yes-No Questions, Tag Questions, Wh-Questions.

4. Give both the affirmative and the negative answers to the questions that you formed.

This lesson is an excerpt from
Jessie Grace U. Rubrico's *Magbinisaya Kita Primer 1*
ISBN 978-971-93688-0-9
Copyright @2009 by the author. All Rights Reserved.

Lekyson 2 Ako, Ato, Amo
Lesson 2 Mine and Ours

2

1. DIALOG 2

* Ana is looking for Nena's house.

Ana	Maayo! Maayo!	*Is anybody home?*
Maria	Unsa may ato, Day?	*What can I do for you, Miss?*
Ana	Maayong hapon, Nang.	*Good afternoon, Ma'am.*
	Kini ba ang balay ni Nena?	*Is this Nena's house?*
Maria	Dili. Kanang sunod.	*No. That next one is.*
Ana	Sige, salamat.	*Okay, thank. you.*
	Ana goes to the next house.	
Ana	Maayo! Maayo!	*Hi there/Is anybody home?*
Paula	Dayon. Ikaw ba si Ana?	*Come in. Are you Ana?*
Ana	Oo, nia ba si Nena?	*Yes. Is Nena here?*
Paula	Wala pa ra ba. Ako si Paula, ang iyang igsoon.	*Sorry, she's not yet here. I'm Paula, her sister.*
Ana	Palihug na lang ug hatag kaniya niining libro.	*Just give this book to her, please.*
Paula	Dili ba nimo siya hulaton?	*Won't you wait for her?*
Ana	Dili na lang. Magkita man gihapon mi ugma.	*Not anymore. We'll see each other tomorrow, anyway.*
Paula	O sige. Pag-ayo-ayo.	*Okay/Well then, take care.*
Ana	Salamat. Moadto na ako.	*Thanks. Goodbye.*

* **Cultural Notes:**
  1. "**Maayo!**" literally means "*Good*". Instead of knocking on the door, one can just call out "Maayo!" or "Maayo! Maayo!" to catch the attention of the people inside the house. Of course, for big houses with fences, there's always the doorbell.
  2. "**Day**" is how one calls a girl or a younger woman. It is a clip of "**Inday**" which means young girl, young lady, Miss (vocative for a young lady). In addition this is affectionately attached to a girl's name, like Inday Yani or Inday Lita.
  3. "**Nang**" is a clip from "**Manang**". Generally used to address an older sister, or an older woman to show politeness and respect.

2. VOCABULARY

2.1 Vocabulary

dili	*no*	**kini**	*this, these*
duna	*there is/are*	**libro**	*book*
hapon	*afternoon*	**pa**	*yet*
hulaton	*to wait for*	**palihug**	*please*
igsoon	*sibling*	**sunod**	*follow*
kana	*that*	**wala**	*none; not here*

2.2   Common Expressions & Useful Phrases

Maayo! Maayo!	*Is anybody home?*
Unsa may ato?	*What can I do for you?*
Palihug ra kog hatag niya niini	*Please give this (to her/him) for me*
Moadto/molakaw na (a)ko	*I'm leaving now; Goodbye*
Pag-ayo-ayo	*Take care*
Binisay-a ang mosunod	*Say the following in Bisaya*

3. PRACTICE (PAGBANSAY)

3.1 Pagbansay : Get a partner and ask him/her to answer the questions below by translating the replies to Cebuano. Then let him/her ask the questions and you answer them.

Gambits	Reply
Maayo! Maayo!	*Come in.*
Maayong hapon, Nang.	*Good afternoon, too, Miss.*
Kini ba ang balay ni Nena?	*No. The next one is.*
Ikaw ba si John?	*No, I'm not John.*
Unsa may ato?	*Just give this book to her, please.*
Nia ba si Nena?	*Won't you wait for her?*
Dili ba nimo siya hulaton?	*Not anymore.*
Moadto na ako.	*Okay then, take care.*
Daghang salamat	*You're welcome.*

3.2 Pagbansay: Pagpangutana ug Pagtubag (Do this with your partner):

Basic Sentence	Question
Kini ang balay ni Nena.	Kini ba ang balay ni Nena?
Ikaw si John.	Ikaw ba si John?
	Ikaw si John, di(li) ba?
	Kinsa si John?
	Kinsa ka?
Ako si Paula, ang iyang igsoon	Ikaw ba si Paula?
	Kinsa si Paula?

3.3 Pagbansay: Negation

Basic Sentences	Negation
Kini ang balay ni Nena	Dili kini ang balay ni Nena
Ikaw si Nena	Dili ikaw si Nena
Nia si Nena	Wala si Nena
Si Paula ang iyang igsoon	Dili si Paula ang iyang igsoon
Si Nena ang igsoon ni Paula	Dili si Nena ang igsoon ni Paula

3.4 Pagbansay: Binisay-a ang mosunod

    c. She's her sister
    d. She's Nena's sister
    e. This is her house
    f. I'm Paula, Nena's sister
    g. Nena is here

3.5 Pagbansay: Tubaga ang mosunod nga mga pangutana

    a) Kinsa si Paula?
    b) Kinsa si Nena?
    c) Duna ka bay igsoon? Unsay iyang ngalan?
    d) Taga-asa ang imong igsoon?
    e) Unsay trabaho sa imong igsoon?

4. GRAMMAR NOTES

4.1   Personal Pronouns : Topic Pronouns

These are the pronouns that substitute for "ang-nouns". We can consider the following as "ang-noun":

a)   ang/ang mga + common nouns – ang bata, ang libro, ang mga babaye

b)   si/sila si + person's name –si Juan, sila si Ana ug Nena

c)   Forms of Topic Pronouns

Bisaya		English
ako/ko		I
ikaw/ka		You, singular
siya		he/she
kita/ta	ako ug ikaw	we (inclusive)
	ako ug kamo	we
kami/mi	ako ug siya	we (exclusive)
	ako ug sila	we
kamo/mo	ikaw ug siya	you, plural
	ikaw ug sila	you, plural
sila	siya ug siya	they
	siya ug sila	they

Note: There are two plural forms of the first person pronouns:
(1) inclusive which includes the person spoken to.
(2) exclusive which does not include the person spoken to.

d) Basaha ang mosunod. **Boldfaced** ang mga "ang-noun"

	Comment	Topic
Doktor **si Pedro**	Doktor	siya
Mga estudyante **si Juan ug si Pedro**	Mga estudyante	sila
Filipino **sila si Maria**	Filipino	sila
Aleman **si Ana ug ikaw**	Aleman	kamo
Mga babaye **si Maria, ikaw, ug ako**	Mga babaye	kita
Amerikano a**ng mga bata**	Amerikano	sila
Mga maestra **sila si Nena ug ako**	Mga maestra	kami

4.2 The Possessive Personal Pronouns.
Possessive pronouns are used to express possession of something.

a) Possessive personal pronouns may occur before the thing possessed. The following are the pronouns in this group

ako	*my*	**ato**	*our*
imo	*your*	**amo**	*our*
iya	*his, her*	**inyo**	*your*
		ila	*their*

• These pronouns are linked to the thing possessed by the linker "-ng" and thus having the structure:

possessive pronoun + "ng" linker + noun

• Examples:

akong balay	*my house*
imong kwarta	*your money*
iyang kama	*his/her bed*
atong trabaho	*our work*
among maestra	*our teacher*
inyong kape	*your coffee*
ilang libro	*their book*

b) Possessive personal pronouns may also occur after the thing possessed. Its structure is:

noun + possessive pronoun

- The following are the possessive pronouns in this group

nako/ko	*my*	nato /ta	*our*
		namo	*our*
nimo /mo	*your*	ninyo	*your*
niya	*his, her*	nila	*their*

- Examples

balay nako/ko	*my house*
kwarta nimo/mo	*your money*
kama niya	*his/her bed*
trabaho nato / ta	*our work*
maestra namo	*our teacher*

c) Note the forms of the possessive pronouns above:

akong balay	balay nako	balay ko	*my house*
imong kwarta	kwarta nimo	kwarta mo	*your money*
iyang kama	kama niya		*his/her bed*
atong trabaho	trabaho nato	trabaho ta	*our work*
among maestra	maestra namo		*our teacher*
inyong kape	kape ninyo		*your coffee*
ilang libro	libro nila		*their book*

d) Possessive pronouns may serve as comments in a sentence.

The following forms are used:

ako	*mine*	ato	*ours*
		amo	*ours*
imo	*yours*	inyo	*yours*
iya	*is, hers*	ila	*theirs*

• Examples

Comment	Topic	Eng. Gloss
Ako	ang libro	The book is mine
Imo	ang kwarta	The money is yours
Iya	ang balay	The house is his/hers
Ato	kana	That's ours
Amo	kini	This is ours
Inyo	ang lugaw	The porridge is yours
Ila	ang brilyante	The diamond is theirs

e) Forms of personal pronouns

Topic Pron	Possessive Pronouns		
ako/ko	ako -ng	nako/ko	ako
ikaw/ka	imo -ng	nimo /mo	imo
siya	iya -ng	niya	iya
kita/ta	ato -ng	nato /ta	ato
kami/mi	amo -ng	namo	amo
kamo/mo	inyo -ng	ninyo	inyo
sila	ila -ng	nila	ila

5. EXERCISES (Homework)

5.1 Dialog 3: Paminawa ang audio ug tubaga ang mga pangutana sa (b)

a) Ang Pamilya ni Jose

Jose	Kana si Tita Ched ug si Tito Jun, akong iyaan ug uyoan. Mga manghod sila sa akong Mama.
Bert	Kinsa man kining ilang kauban?
Jose	Mga pag-umangkon sila sa akong Mama. Si Jackie, anak ni Tita Ched ug si Lester, anak ni Tito Jun. Ako silang mga ig-agaw.
Bert	Kinsa man kining ilang tapad?
Jose	Sila si Lolo Victor ug Lola Felesing, ang akong mga apohan. Tatay ug Nanay sa akong Mama. Retirado na sila.
Bert	Asa man sila karon?
Jose	Tua sa Cagayan de Oro.

a) Tubaga ang mga pangutana
 1) Unsay ngalan sa iyaan ug uyoan ni Jose?
 2) Kinsa ang iyang mga ig-agaw?
 3) Unsay ngalan sa lolo ug lola ni Jose?
 4) Asa man ang lolo ug lola ni Jose?
 5) Retirado na ba sila?

5.2 Vocabulary: Refer to the glossary for the gloss of the following kinship terms:

apohan	ig-agaw	Lolo ug Lola	pag-umangkon
anak	iyaan ug uyoan	manghod	Tatay ug Nanay

• Other terms:

asa	karon	kauban	retirado	tapad	tua sa

5.3 Translate the following to English:

akong iyaan ug uyoan	ako silang mga ig-agaw
akong Mama	akong mga apohan

5.4 Writing: Read the dialog in 5.1 again and substitute the names therein with the names of the members of your family. Read again after the substitution.

5.5 Be ready to bring it to class and read it with your partner. You can prepare some questions in Bisaya for him to answer after you read it to him.

Lekson 3 Kini, Kana Ug Kadto
Lesson 3 This, That, And That Yonder

1. DIALOG 4

Kini Ang Balay Nilang Jose

Joe	Kini ang among balay. Kana ang awto sa akong papa. Kadto ang sa akong mama.	*This is our house. That is my father's car. That yonder is my mother's.*
Mark	Dako diay ang inyong balay.	*I see, your house is big.*
Joe	Igo-igo lang.	*It's just right.*
Mark	Asa ang inyong kusina?	*Where's your kitchen?*
Joe	Kanang anaa sa likod mo	*That one behind you*
Mark	Kwarto mo ba kini?	*Is this your room?*
Joe	Dili. Sa akong igsoon nga babaye kana. Tua ang ako duol sa garahe	*No. That's my sister's room Mine is over there near the garage.*
Mark	Inyo ba usab kining balay sa tupad?	*Is this house nearby also yours?*
Joe	Sa akong mga apohan kana. Ug kadto sa akong uyoan.	*That's my grandparents'. And that yonder is my uncle's.*
Mark	Nindot ug dagko ang inyong mga balay.	*Your houses are big and nice*
Joe	Tana sa sulod	*Let's get in.*

• **Cultural Notes:** It is a common practice among the Bisayan families to stay in one compound. The siblings build their own houses near the house of their parents, or even of their grandparents. In some cases, the children stay with their parents, especially when they are newly-married. It is not also uncommon for the family of one of the children to stay with their parents in order to take care of them.

2. VOCABULARY

2.1 Vocabulary

	Eng. Gloss		Eng. gloss
awto	car	**kwarto**	room
dako	big	**nindot**	nice
duol	near	**sa likod**	behind
garahe	garage	**sulod**	inside
kusina	kitchen	**tupad**	beside

2.2 More kinship terms

		Vocative
amahan	father	Papa, Tatay
inahan	mother	Mama, Nanay
igsoong lalaki	brother	Manong (older brother)
igsoong babaye	sister	Manang (older sister)
igsoon	sibling	
magulang	older sibling	Manong, Manang
manghod	younger sibling	Dodong, Inday
apohan	grandparent	
	grandfather	Lolo
	grandmother	Lola
iyaan	aunt	Tia, Tita, Yaya
uyoan	uncle	Tio, Tito, Yoyo
ig-agaw	cousin	Gaw

3. PRACTICE (PAGBANSAY)

3.1 Pagbansay : Paminawa ang audio sa dialog 4 ug tubaga ang mga pangutana:

1. Dako ba ang balay nilang Joe? Oo Dili

2. Asa ang kwarto ni Joe?

   (a) tua duol sa garahe

   (b) kadtong duol sa kusina

3. Unsa ang tupad sa balay nilang Joe?

   (a) balay sa iyang uyoan

   (b) balay sa iyang apohan

4. Unsa ang igsoon ni Joe?

   (a) babaye

   (b) lalaki

5. Nindot ang mga balay sa pamilya Oo Dili
   nilang Joe.

3.2 Pagbansay: Do this with your partner. Convert the sentences to questions and let your partner answer them. Then you answer and your partner asks.

Basic Sentence	Question
1) Kini ang among balay	Ba-
	Tag
	Unsa
2) Kana ang awto sa akong papa	Ba-
	Tag
	Unsa
3) Kadto ang iyang kwarto	Ba-
	Tag
	Unsa
	Asa

4) Kadto ang balay sa ilang uyoan	Ba-
	Tag
	Unsa
	Asa
5) Kini ang kusina nilang Jose	Ba-
	Tag
	Unsa
	Asa

3.3 Pagbansay: Negate the sentences below.

Basic Sentences	Negation
1) Kana ang balay sa among apohan	
2) Nindot ang inyong mga balay	
3) Kana ang kwarto sa akong igsoon	
4) Kadto ang awto sa akong Mama	
5) Kini ang ilang kusina	

3.4 Pagbansay: Binisay-a ang mosunod

　　a) *That is my father's car.*

　　b) *That yonder is my mother's car.*

　　c) *That room near the garage is mine.*

　　d) *That yonder is my uncle's house.*

　　e) *That's my grandparents' house.*

　　f) *Is this house nearby also yours?*

　　g) *Is this your room?*

3.5 Pagbansay: Write a paragraph by answering the following questions:

　　a)　Asa ang inyong balay?

　　b)　Duol ba kini sa balay sa inyong apohan?

　　c)　Tupad ba kini sa balay sa imong uyoan?

　　d)　Asa ang imong kwarto? Duol ba sa kusina o sa garahe?

　　e)　Asa ang kwarto sa imong igsoong babaye?

4. GRAMMAR NOTES Demonstrative Pronouns

4.1 The following sentences show demonstratives as topic of the sentence:

	Topic	Gloss
a) Si Jose	**kana**	*That's Jose*
b) Kape	**kini**	*This is coffee*
c) Mga awto	**kadto**	*Those yonder are cars*
d) Ilang balay	**kini**	*This is their house.*
e) Kwarto ko	**kana**	*That's my room.*
f) Mama namo	**kadto**	*That's our mother*
g) Kwarta nato	**kini**	*This is our money*

- **Kini, Kana, and Kadto** are the forms of demonstratives in the topic position of the sentence.

4.2 Demonstratives also function as definitizers refering to particular nouns. They take the structure :

$$\left\{ \begin{array}{c} \textbf{kini} \\ \textbf{kana} \\ \textbf{kadto} \end{array} \right\} + \text{linker "ng"} + \text{noun} + \text{suffix -a}$$

- Examples:

kining balaya	*this particular house*
kanang libroha	*that particular book*
kadtong bataa	*that particular child*
kining bayhana	*this particular woman*

- Demonstrative definitizers can modify the Topic:

Comment	Topic	Gloss
Nindot	kining balaya	*This particular house is nice*
Dili imo	kanang libroha	*That particular book is not yours*
Filipino	kadtong bataa	*That particular child is a Filipino*
Dili Aleman	kining bayhana	*This particular woman is not a German*

4.3 Demonstratives can also modify the Comment:

Comment	Topic	Gloss
Kining tawhana	ang doktor	*The doctor is this man*
Kanang bayhana	ang akong igsoon	*My sister is that woman*
Kadtong balaya	ang tawhan	*The haunted house is that one.*

4.4 Demonstratives can also take the form: **Niini, Niana, Niadto.**

		Gloss (literal translation)
Kawayan	ang hagdan **niini**	*The stair of this is bamboo.*
Siya	ang tag-iya **niana**	*The owner of that is her.*
Si Juan	ang doktor **niadto**.	*Juan is the doctor of that.*

4.5 Demonstratives **Niini, Niana, Niadto** can also function as definitizers, taking the structure :

$$\left\{ \begin{array}{l} \textbf{niini} \\ \textbf{niana} \\ \textbf{niadto} \end{array} \right\} \text{ + linker "ng" + noun + suffix -a}$$

- Examples

niining tawhana	*of this man*
nianang bayhana	*of that woman*
niadtong bataa	*of that child yonder*

5. EXERCISES (Homework)

payag©jmurubrico_apr03

5.1 Basaha ang (a) ug tubaga ang mga pangutana sa (b)

a) Kanindot sa Payag!

Payag kini. Nindot kini nga payag. Kahoy sa lubi ang haligi niini. Tan-awa ang balkon. Kawayan ang ali; amakan ang dingding. Kawayan usab ang hagdan ug salog. Kahoy nga lawaan ang pwerta niini. Tan-awa kanang mga kwadradong banig sa dingding sa kilid sa payag. Lainlain ang kolor. Amakan ang taas ug ubos sa banig. Nipa ang atop ug kawayan ang sanipa. Bildo ang bentana. Dunay mga kahoy sa palibot. Tag-as na kaayo kadtong mga kahoy sa likod, dili ba? Maayo nga pahulayan kini nga payag.

b) Tubaga ang mga pangutana
   (1) Unsa kanang makita sa larawan?
   (2) Nindot ba kini?
   (3) Unsa ang haligi niini?
   (4) Unsa may pwerta niini?
   (5) Unsay dingding niini?

5.2 Vocabulary: Refer to the glossary for the gloss of the terms:

ali	bentana	kahoy	payag	tag-as
amakan	bildo	kawayan	pwerta	tan-awa
atop	dingding	nindot	salog	ubos
balkon	hagdan	nipa	sanipa	ug
banig	haligi	palibot	taas	

- Useful Phrases

kahoy nga lawaan	Kanindot sa Payag!
kahoy sa likod	kwadradong banig
kahoy sa lubi	lainlain ang kolor
kilid sa payag	maayo nga pahulayan

5.3 Writing: Read the paragraph again. Then rewrite it by negating the sentences.

5.4 Be ready to bring it to class and read it with your partner.

5.5 Construct 5 sentences in Cebuano using demonstratives.

This lesson is an excerpt from
Jessie Grace U. Rubrico's *Magbinisaya Kita Primer 1*
ISBN 978-971-93688-0-9

Unang Pasulit
First Examination

1. VOCABULARY

a) Pronouns : Encircle the correct answer

1. ako ug ikaw	kami,	kamo,	kita
2. siya, ikaw, ug ako	kami,	kita,	kamo
3. ikaw ug siya	kami,	sila,	kamo
4. ako ug sila	kami,	kita,	kamo
5. siya ug ako	kami,	sila,	kamo
6. sila, kami, ug ikaw	kamo,	kita,	sila
7. ikaw ug sila	kita,	kami,	kamo
8. ako ug kamo	kita,	kami,	sila
9. siya ug siya	kamo,	sila,	kita
10. siya, sila ug ako	kita,	kamo,	kami
11. ikaw ug kami	sila,	kita,	kamo
12. ang bata ug si Nena	sila,	kamo	
13. si Marco ug si Jose	siya,	sila	
14. ang mga doktor	siya,	sila	kita
15. ikaw, si Jun, ug sila	sila,	kamo,	kami

b) Give the Cebuano term:

16. my friend

17. their house

18. his car

19. her money

20. our (your & my) work

21. our (my & their) tractor

22. your (sing) student

23. your (plural) houses

24. Pedro's brother

25. this place

31

26. that woman

27. that cave yonder

28. that particular road

29. this and that

30. that delicious coffee

31. this nice house

32. that child yonder

33. mine

34. yours

35. theirs

36. yours & mine

37. theirs and mine

38. yours and theirs

39. hers and mine

40. yours and his

(c) Encircle the word that does not belong to the group

41	Papa	Tatay	amahan	Lolo
42	Mama	Nanay	inahan	Tita
43	uyoan	iyaan	pag-umangkon	igsoon
44	ig-agaw	magulang	manghod	igsoon
45	balay	payag	garahe	awto
46	balkon	kusina	kwarto	payag
47	kawayan	amakan	lubi	lawaan
48	estudyante	maestra	libro	misyonero
49	kita	kami	kamo	ako
50	kadto	niadto	niini	niana

2. Give the the correct reply to these gambits:

51. Maayong buntag, kanimo

52. Kumusta ka?

53. Daghang salamat

54. Kinsa ka man?

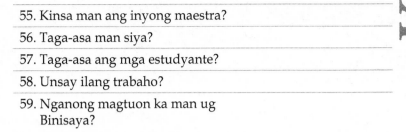

55. Kinsa man ang inyong maestra?

56. Taga-asa man siya?

57. Taga-asa ang mga estudyante?

58. Unsay ilang trabaho?

59. Nganong magtuon ka man ug
   Binisaya?

60. Taga-Cebu ba ang maestra ninyo?

3. Writing: Introduce your family to your friends, in Bisaya.

This lesson is an excerpt from
Jessie Grace U. Rubrico's *Magbinisaya Kita Primer 1*
ISBN 978-971-93688-0-9
Copyright @2009 by the author. All Rights Reserved.

Leksyon 4 Unsa Ug Kinsa
Lesson 4 What And Who

1. *DIALOG 5*

Mimi	Maayong gabii, Nang.	*Good evening, Ma'am.*
Rosa	Maayong gabii sab, Day. Unsa may ato?	*Good evening, too, Miss. What can I do for you?*
Mimi	Nia ba si Alma?	*Is Alma here?*
Rosa	Wala ra ba siya dinhi. Tua pa sa eskwelahan.	*Sorry, but she's not here. She's in school yet.*
Mimi	Nag-unsa man siya didto?	*What's she doing there?*
Rosa	Nagtudlo ug Cebuano.	*She's teaching Cebuano.*
Mimi	Kinsay iyang estudyante?	*Who's her student?*
Rosa	Si Masako. Hapón siya.	*Masako. She's Japanese.*
Mimi	Unsa kaha siyang orasa moabot, Nang?	*What time will she probably arrive, Ma'am?*
Rosa	Mga alas singko tingali.	*Maybe at 5 o'clock.*
Mimi	Unsay oras na ba karon?	*What time is it now?*
Rosa	Mga alas dos pa.	*It's only 2 o'clock.*
Mimi	Mobalik na lang ko unya.	*I'll just come back later.*
Rosa	Sige. Unsa may imong ngalan?	*Okay. What's your name?*
Mimi	Ako si Mimi. Iya akong higala.	*I'm Mimi. I'm her friend*
Rosa	O sige, Mimi, balik na lang unya.	*Okay, Mimi. Just come back later.*
Mimi	Sige, Nang. Moadto na ko	*I'm going now, Ma'am.*
Rosa	Pag-ayo-ayo.	*Take care.*

2. *VOCABULARY*

2.1 Vocabulary

(a)nia	*here*	**moadto**	*to leave*
dinhi	*here*	**mobalik**	*to come back*
eskwelahan	*school*	**nagtudlo**	*teaching*
gabii	*evening, night*	**ngalan**	*name*
Hapón	*Japanese*	**oras**	*time*

higala	friend	tingali	maybe
karon	now; today	tuon	study
kinsa	who	unsa	what
		unya	later

2.2 Some Cebuano Particles

ba	signals emphasis or a yes-no question
kaha	expresses doubt, wonder, speculation
lang	only, just, mere
man	add-on for emphasis
na	now, already
pa	still, yet, more
ra	only, just

2.3 Common Expressions and Useful Phrases

Wala ra ba siya dinhi.	Sorry, but she's not here.
Unsa kaha siyang orasa moabot?	What time will she probably arrive?
Mga alas singko tingali.	Maybe at 5 o'clock.
Unsay oras na ba karon?	What time is it now?
Mga alas dos pa.	It's only 2 o'clock.
Unsa may imong ngalan?	What's your name?
Mobalik na lang ko unya.	I'll just come back later.
O sige	Okay
Sige, Nang. Moadto na ko	I'm going now, Ma'am.
Pag-ayo-ayo.	Take care.
Ininglisa ang mosunod	Translate the following to English
Ipatubag sa imong partner	Let your partner answer

3. PRACTICE (PAGBANSAY)

3.1 Basaha pag-usab ang Dialog 5 ug tubaga ang mosunod nga mga pangutana:

  a) Unsay ngalan sa higala ni Alma?

  b) Asa si Alma?

c) Nag-unsa man siya didto?

d) Kinsay estudyante ni Alma?

e) Unsa si Masako?

f) Taga-asa si Masako?

g) Unsay trabaho ni Alma?

3.2 Ininglisa ang mosunod ug unya ipatubag sa imong partner

1. Nag- unsa	ka (man)?
	man siya?
	man kamo?
	ang mga doktor?
	man ang maestra?
2. Unsay	imong ngalan?
	ngalan sa bata?
	binisaya niini?
	oras na ba?
	ilang trabaho?
3. Unsa	may ato?
	(man) kini?
	kana?
	kadtong balaya?
4. Unsang	orasa ang klase?
	orasa na karon?
	adlawa ang kasal?
	bulana ang pista?
5. Kinsa	kanang tawhana?
	kadtong bataa?
	kining mga bayhana?
	kaha siya?
6. Kinsay	doktor nimo?
	maestra nato?
	iyang mga higala?
7. Kinsang	apohana?
	doktora?
	tawhana?

3.3 Create a dialog with your partner using the phrases above. Share the dialog that you and your partner composed with your classmates.

4. GRAMMAR NOTES

4.1 Structures of UNSA questions:

	Unsa siya?	*What is s/he?*
	Unsa kini sa iningles?	*What's this in English*
a) UNSA + pronoun	**Unsa kana?**	*What'is that?*
	Unsa kadtong awtoha?	*What is that car yonder?*
	Unsa kanang balaya?	*What house is that?*
b) UNSA + linker	**Unsay ilang awto?**	*What's their car?*
"Y" + poss pron	**Unsay imong ngalan?**	*What's your name?*
+ common noun	**Unsay inyong leksyon?**	*What's your lesson?*
c) UNSA	**Unsay awto nila?**	*What's their car?*
+ linker "Y"	**Unsay ngalan nimo?**	*What's your name?*
+common noun	**Unsay leksyon ninyo?**	*What's your lesson?*
+ poss pron		

Note: (1) Linker "y" substitutes for marker "ang" :

unsa + ang + noun > unsa +y + noun

(2) UNSA needs a linker when connected to a common noun

d) UNSA + linker "ng" + noun + definitizer -a	unsang orasa; unsang adlawa; unsang tuiga	*what time; what day; what year*

e) UNSA +(particle/s) + (poss/dem pron) + noun	
Unsay ngalan?	*What's the name?*
Unsa may ngalan?	*What's the name?*
Unsa man kahay ngalan?	*What's the name, I wonder?*

4

Unsay iyang ngalan?	What's her/his name?
Unsa may imong ngalan?	What's your name?
Unsa man kahay ngalan sa bata?	I wonder what the child's name is?
Unsa kining kwartaha?	What's this money?
Unsa man (ki)ning kwartaha?	What's this particular money?
Unsa man kaha kining kwartaha?	I wonder what this money is?

f) Nag-unsa	**Nag-unsa ka?**	What are you doing?
+ (particle/s)	Nag-unsa ka man?	What are you doing?
+ noun	Nag-unsa ka kaha?	What were you doing, I wonder.

- **Note: Structure (f) asks for a verb, not for a noun.**

4.2   Structures of KINSA questions:

a) KINSA + { pronoun / noun }

Kinsa sila?	Who are they?
Kinsa ang maestra?	Who's the teacher?
Kinsa si Paule?	Who's Paule?

b) KINSA + linker "Y"
+ poss pron + noun

Kinsay inyong doktor?	Who's your doctor?
Kinsay paborito nila	Who's their favorite?

c) KINSA + linker "Y" { adjective / verb }

Kinsay moadto?	Who's going?
Kinsay maayo niini?	Who's good at this?
Kinsay taas?	Who's tall?

d) KINSA + (dempron)
+ linker "ng" + noun
+ definitizer -a

Kinsang bayhana?	Which woman?
Kinsa kining bayhana?	Who is this woman?
Kinsa kanang tawhana?	Who is that man?

e) KINSA (particle/s)
+ (poss/dem pron)
+ noun

Kinsa may amahan?	Who's the father?
Kinsa man kahay iyang amahan?	Who do you think is his father?

4.3   Markers and Linkers

a)   **ANG** marks common nouns --ang bata; ang inahan; ang kape

- Structures of "ang phrase"

ang + (mga) common noun	ang bata, ang mga inahan, ang kape
ang + poss pron + (mga) common noun	ang among balay, ang atong mga awto, ang inyong mga libro

- The "ang phrase" answers the UNSA and the KINSA questions

b)   The **linker "Y"** substitutes the marker "ang" in question phrases.

Unsa ang imong ngalan?	Unsa + y imong ngalan?
Kinsa ang moabot?	Kinsa +y moabot?

- The linker "y" is connected to the word nearest the noun phrase

Unsay iyang ngalan?
Unsa may iyang ngalan?
Unsa man kahay iyang ngalan?
Unsa ba kahay iyang ngalan?
Unsa pa bay iyang ngalan?

c)   The linker "ng" links the following:

- poss pron to nouns possessed: **iya + ng + noun**
       iyang kwarto, among apohan, inyong trabaho

- dem pron to definite nouns: **kini/kana/kadto + ng + noun**
      kining balaya, kanang libroha, kadtong awtoha

- wh-phrase to nouns: **unsa/kinsa, etc. + ng + noun + definitizer –a:**   unsang papela, unsang kwartaha, kinsang bataa

4.4 Particles as Sentence Modifiers

Nia si Maria	*Maria is here.*
Nia **ba** si Maria?	*Is Maria here.*
Nia **na** si Maria.	*Maria is here now*
Nia **na ba** si Maria?	*Is Maria here now?*
Nia **pa** si Maria.	*Maria is still here*
Nia **pa ba** si Maria?	*Is Maria still here?*
Nia (u)**sab** si Maria.	*Maria is also here*
Nia **na usab** si Maria	*Maria is here again*
Nia **man** si Maria.	*Well, Maria is here.*
Nia **pa man** si Maria	*Maria is still here (Maria has not left yet.)*
Nia **man diay** si Maria	*Oh, so Maria is here.*
Nia **pa man diay** si Maria	*I see that Maria still here.*

5. EXERCISES

5.1 Fill in the blanks with the correct marker or linker.

Siya ___ (1) Ana. Siya ____ (2) maestra. ___ (3) Masako ___
(4) iyang estudyante. Unsa ___ (5) Masako? Unsa __
(6) iyang trabaho? Kinsa kaha ___ (7) iyang amahan ug inahan?
Unsa kaha ___ (8) ilang trabaho? Hapón ___ (9) Masako.
Mga babaye _____ (10) Masako ug Ana.

5.2 Construct a dialog from the sentences given above. Be creative.

5.3 Transform the sentences above by:
a) asking ba-questions and answering them;
b) asking tag-questions
c) asking kinsa-questions
d) asking unsa-questions
e) negating the sentences, where applicable.

This lesson is an excerpt from
Jessie Grace U. Rubrico's *Magbinisaya Kita Primer 1*
ISBN 978-971-93688-0-9

Leksyon 5 Asa (Hain, Diin)?
Lesson 5 Asking Where

5

1. DIALOG 6

Tess	Maayong hapon. Mahimo bang mangutana?	*Good afternoon. Can I ask a question?*
Ruby	Unsa man unta?	*What is it?*
Tess	Asa ang balay sa doktor?	*Where's the doctor's house?*
Ruby	Diha lang duol sa simbahan.	*There, near the church*
Tess	Asa man dapit kana?	*Where is that?*
Ruby	Tupad sa eskwelahan.	*Beside the school.*
Tess	Duol ba kana sa sinihán?	*Is that near the moviehouse?*
Ruby	Dili. Layo ra kadtong sinihan.	*No. The moviehouse is farther*
Tess	Atbang ba kana sa bangko?	*Is it across from the bank?*
Ruby	Atbang sa hospital nga tupad sa bangko ug sa tindahan.	*It's across from the hospital that's beside the bank and the store*
Tess	Duol ra ba kana gikan dinhi?	*Is that near from here?*
Ruby	Layo-layo sab. Pagsakay na lang ug traysikol.	*It's a little far. Just ride the tricycle.*
Tess	Asa ka man diay paingon?	*Where are you going?*
Ruby	Sa merkado.	*To the market.*
Tess	Sige, daghang salamat.	*Thank you very much.*
Ruby	Walay sapayan.	*Don't mention it.*

2. VOCABULARY

2.1 Vocabulary

atbang	*across from*	paingon	*going to*
bángko	*bank*	pangutana	*question*
duol	*near*	sakay	*ride*
gikan	*from*	sinihan	*moviehouse*
layo	*far*	traysikol	*tricycle*
merkado	*market*	tupad	*beside*

2.2 Common Expressions & Useful Phrases

Mahimo bang mangutana?	*Can I ask (you) a question?*
Unsa man unta?	*What is it (you want to ask)?*
Diha lang; duol lang	*just there; it's near*
diha lang sa duol	*it's just nearby*
duol kaayo; layo kaayo	*it's very near; it's very far*
layo-layo sab	*it's a little far*
Asa ang balay . . .?	*Where's the house. . .?*
Asa ka paingon?	*Where are you going?*

3. PRACTICE (PAGBANSAY)

3.1 Tubaga ang mosunod nga mga pangutana:

    a) Asa ang balay sa doktor? *(near the church)* _____

                                     (beside the school) _____

                                     (across from the hospital) _____

                                     (far from the moviehouse) _____

                                     (a little far from here) _____

    b) Asa ang hospital? *(beside the bank and the store)* _____

    c) Asa paingon si Ruby? *(to the market)* _____

    d) Asa paingon si Tess? *(to the doctor's house)* _____

    e) Unsay buhaton ni Tess? *(Ride the tricycle)* _____

3.2 Ask ASA-questions by translating the phrases below and ask your partner to answer them.

    a) Where is your house?
    b) Where is my food?
    c) Where is our teacher?
    d) Where are your brothers?
    e) Where are you going?
    f) Where's your grandparents' house?
    g) Where are those cars?
    h) Where are your uncles and aunties and cousins?
    i) Where is the book of the student?

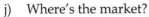

j) Where's the market?
k) Where's the hospital?
l) Where's the moviehouse?
m) Where's your mother going?
n) Where are the children?
o) Where are their friends?

3.3 Construct a dialog with your partner using the answers of the questions in 3.2.   Then read it to your classmates.

4. GRAMMAR NOTES

4.1 Structure of ASA questions

a) ASA + (particle/s) + pronoun

Asa ka paingon?	*Where are you going?*
Asa sila?	*Where are they?*
Asa man (ka)mo karon?	*Where are you now?*
Asa man diay kita?	*Where are we, by the way?*
Asa kini? Asa kana?	*Where is this? Where is that?*

b) ASA + (particle/s) + noun phrase 1

Asa si Pedro?	*Where's Pedro?*
Asa ang kwarta?	*Where's the money?*
Asa ang mga libro?	*Where are the books?*
Asa man diay ang balay?	*Where, by the way, is the house?*
Asa ang eskwelahan?	*Where's the school?*

Noun Phrase 1 $\left\{ \begin{array}{c} \text{noun} \\ \text{ang + noun} \\ \text{ang mga + noun} \\ \text{si + person's name} \\ \text{sila si + persons' names} \end{array} \right\}$

5 c) **ASA + (particle/s) + noun phrase 2**

Asa man (ki)ning tawhana karon?	*Where's this man now?*
Asa niining mga balaya ang nindot?	*Which of these houses is beautiful?*
Asa man ang among mga libro?	*Where are our books?*
Asa man diay ang inyong balay?	*Where, by the way, is your house?*
Asa kanang inyong eskwelahan?	*Where's that school of yours?*

Noun Phrase 2 { {ako, imo, iya, ato, amo, inyo, ila}+linker –ng + noun
{kini, kana, kadto} +linker –ng +noun +definitizer –a
{niini, niana, niadto} + linker –ng + noun +definitizer –a }

d) **Taga-ASA + (particles) + {noun phrase 1, noun phrase 2}**

Taga-asa man diay kamo?	*Where, by the way, are you from?*
Taga-asa sila si Juan ug Pedro?	*Where are Juan and Pedro from?*
Taga-asa kaha ang ilang mga ginikanan?	*Where, I wonder, are their parents from?*
Taga-asa ba kuno ang mga maestra?	*Where do they say the teachers are from?*
Taga-asa ang inahan niining bataa?	*From where is the mother of this child?*

4.2 Answering ASA questions

ASA questions ask for locations. These can be answered by the following:
a) the adverb forms of demonstrative pronouns:

• **Nia dinhi; Naa Dinha; Tua Didto**

Dem Pron	Adv form	Reply	
kini	nia	nia dinhi	*here*
kana	naa	naa dinha	*there*
kadto	tua	tua didto	*over there*

- Examples:

Asa ang kape?	Nia dinhi	*Here*
Asa si Pedro?	Naa dinha	*It's there*
Asa ang kwarta?	Tua didto	*(Over) there.*

b)

$$\left\{ \begin{matrix} \textbf{Nia} \\ \textbf{Naa} \\ \textbf{Tua} \end{matrix} \right\}$$ + **kang/ ni / nila ni + person's/persons' name/s**

- Examples

Asa ang libro?	Tua nila ni Ruby	*It's (there) with Ruby & the others*
Asa ang kwarta?	Naa kang Nene	*It's with Nene*
Asa ang awto?	Nia kang Juan	*It's here with Juan*
Asa ang bata?	Tua ni Laura	*With Laura*
Tua nila ni Jose ug Maria		*With Jose and Maria.*

c)

$$\left\{ \begin{matrix} \textbf{Nia} \\ \textbf{Naa} \\ \textbf{Tua} \end{matrix} \right\}$$ + **kaniya set of pronouns**

- Examples

Asa ang yawi sa balay?	Nia (ka)nako.	*It's with me.*
Asa ang kwarta?	Naa (ka)nimo	*It's with you.*
Asa ang tubig?	Tua (ka)niya	*It's with her/him.*
Asa ang papel?	Nia (ka)nato	*It's with us.*
Asa ang mga bata?	Nia (ka)namo	*They're with us.*
Asa ang awto?	Naa (ka)ninyo	*It's with you.*
Asa ang pagkaon?	Tua (ka)nila	*It's with them.*

d)

$$\left\{ \begin{matrix} \textbf{Nia} \\ \textbf{Naa} \\ \textbf{Tua} \end{matrix} \right\}$$ + **sa + place / common noun**

• Examples

Asa si Ruby?	Tua sa Cebu	*In Cebu*
Asa ang libro?	Naa sa lamesa	*On the table*
Asa ang kwarta?	Tua sa bangko	*(Over) there in the bank.*
Asa si Inday?	Nia sa kwarto	*Here in the room*
Asa ang gatas?	Nia sa bata	*Here with the child.*
Asa ang libro?	Tua sa maestra	*There with the teacher*

e) **For Taga-asa: Taga- + name of specific place**

• Examples

Taga-asa ka?	Taga-Cebu
Taga-asa ang imong inahan?	Taga-Cagayan de Oro
Taga-asa ang doktor?	Taga-Canada
Taga-asa si Paule?	Taga-Germany
Taga-asa ang sundalo?	Taga-Mindanao
Taga-asa ang misyonero?	Taga-dinhi

4.3 The "sa nouns" are noun phrases marked with "sa". These usually signal location, possession, or direction. The "sa nouns" include the following Noun Phrases

sa + name of place	sa Cebu, sa kusina, sa merkado, *etc.*
sa + (mga) common noun	sa doktor, sa apohan, sa mga bata
	sa mga iro, sa kabaw, sa bayani, *etc.*
kang/ni + person's name	kang Pedro, ni Jose
(ka)nila ni + persons' names	(ka)nila ni Maria ug Marta

4.4 Negating location: Use the negator "WALA" to negate location.

• Examples

Tua sa Cebu	Wala sa Cebu
Naa (ka)nila	Wala (ka)nila
Nia kang Nena	Wala kangNena
Naa sa bata	Wala sa bata
Nia (ka)nako	Wala (ka)nako

4.5 Transformation Exercises

Basic sentence	Tua kang Nena ang libro sa maestra
comment	Tua kang Nena
topic	ang libro sa maestra
Negation	Wala kang Nena ang libro sa maestra
Yes-No Question	Tua ba kang Nena ang libro sa maestra?
Answer	Oo, tua kang Nena ang libro sa maestra
Tag question	Tua kang Nena ang libro sa maestra, di(li) ba?
Unsa question	Unsa ang tua kang Nena?
Answer	Ang libro sa maestra
Asa question	Asa ang libro sa maestra?
Answer	Tua kang Nena

5. EXERCISES

5.1 Asking for the location of a specific place

A	B
Asa man ang Kapitolyo?	Tua sa may Licoan duol sa MacArthur Park
Asa man ang erport?	Tua sa Mactan
Asa man ang Isla sa Camiguin?	Tua sa Mindanao
Asa ang terminal sa bus para Davao?	Diha lang sa Agora
Asa ang City Hall sa Cagayan de Oro?	Tupad sa tulay sa Carmen
Asa ang balay sa mayor?	Duol lang sa Kapitolyo
Asa ang hospital?	Diretsoha kining dalana
Asa ang Xavier University?	Naa sa Corrales
Asa ang pantalan?	Duol sa merkado
Asa ang mga estudyante?	Tua sa eskwelahan
Asa ang inyong eskwelahan?	Tupad sa plasa
Asa ang balay nila ni Jose?	Atbang sa terminal sa bus
Asa ang Tulay sa San Juanico?	Tua sa Samar ug Leyte
Asa ang pagkaon sa mga bata?	Naa sa lamisa

5.2 Vocabulary (Refer to the glossary)

diretsoha	pagkaon	terminal sa bus
isla	pantalan	tupad sa tulay
kapitolyo	mayor	

- Note: Ang Tulay sa San Juanico maoy nagdugtong sa duha ka isla, ang Samar ug ang Leyte.

5.3 Negate the sentences in Column B

5.4 Translate 5.1 to English

5.5 Using 5.1, write (in Bisaya) a dialog about the location of some important places in your respective cities. You can read this orally in class.

This lesson is an excerpt from
Jessie Grace U. Rubrico's *Magbinisaya Kita Primer 1*
ISBN 978-971-93688-0-9

Leksyon 6   Alang Kang Kinsa Ug Kang Kinsa
Lesson 6   For Whom And Whose

1. Basaha ang teksto sa (a) ug tubaga ang mga pangutana sa (b)

a)   Lami ang Pamahaw Karon!

Dunay bisita si Jose karong buntaga. Nag-andam ang ilang kusinero ug lamiang pamahaw. Ang itlog ug choriso alang kang Junjun. Ang hamon, hatdog, ug patatas alang sa iyang asawa nga si Maymay. Duna silay kan-on ug sud-an. Estrolyado ang itlog. Anaa sab sa lamisa ang paminta ug asin, asukar ug suka. Ang ilang anak nga si Jojo pan lang ang kan-on. Daghan ang pan nga gilamisa ug gisilbi uban sa mantikilya ug jam. Kang Joe ang adobo ug itlog nga nilung-ag. Tan-awa ang kapetera, tsa ang sulod niana. Kang Joe ang lemonada, kang Junjun ang *orange juice*, ug kang Maymay ang *pineapple juice*. Gatas ang alang kang Jojo. Ang uban pang butang sa lamisa: plato, platito, gagmayng yahong, tinidor, kutsara, kutsilyo, tasa, ang mga baso sa tubig ug ang maanindot nga mga bulak sulod sa plorera.

b) Tubaga ang mga Pangutana

1. Kinsa ang mga bisita ni Jose karong buntaga?
2. Kinsay nag-andam sa lamiang pamahaw?
3. Unsay alang kang Junjun?
4. Unsay alang kang Maymay?
5. Unsay kang Joe?
6. Unsay kang Jojo?
7. Kang kinsa ang lemonada?
8. Para kang kinsa ang estrolyadong itlog?
9. Alang kang kinsa ang adobo?
10. Alang kang kinsa ang gatas?

2. VOCABULARY

2.1 Refer to the glossary

anak	adobo	asukar	lamisa
bisita	hamon	gatas	kapetera
kusinero	hatdog	lemonada	kutsara
	kan-on	tsa	kutsilyo
duna	pan	suka	platito
gilamisa	patatas		plato
nag-andam			tasa

2.2 Useful phrases

alang sa iyang asawa	estrolyadong itlog
baso sa tubig	itlog nga nilung-ag
gagmayng yahong	itlog ug choriso
gisilbi uban sa mantikilya ug jam	kan-on ug sud-an
karong buntaga	paminta ug asin

Lami ang Pamahaw Karon!	
lamiang pamahaw	
maanindot nga mga bulak	
kang Joe	
pan lang ang kan-on	
sulod sa plorera	
uban pang butang sa lamisa	

3. PRACTICE (PAGBANSAY)

3.1 Read the dialog below with your partner

- Dialog 7

Joy	Kumusta ka, Joe. Unsa man kanang mga dala mo?	How are you, Joe? What do you have there?
Joe	Mga sinugatan.	Presents.
Joy	Para kang kinsa man?	For whom?
Joe	Kining monyeka para kang Nikay; kanang pusil-pusil para kang Napo; kanang libro para kang Oshin.	This doll is for Nikay; that toy gun is for Napo; that book is for Oshin.
Joy	Para lang diay sa mga bata ang imong dala?	So you just brought presents for the children?
Joe	Nia say para kaninyo.	Here are also some for you
Joy	Unsa may para kanako?	What's for me?
Joe	Kanang mga sapatos.	Those shoes
Joy	Para kang kinsa man kining bag ug pitaka?	For whom are this bag and wallet?
Joe	Para kang Nanay kana.	Those are for Mother.
Joy	Asa man ang kang Tatay?	Where's Father's?
Joe	Tua pa sa awto.	It's still in the car.
Joy	Unsa man kadto?	What's that?
Joe	Stereo.	Stereo
Joy	Unsa pay tua sa awto?	What else is there in the car?
Joe	Gitara para kang Mark ug sinina para kang Jennee.	A guitar for Mark and a dress for Jennee
Joy	Tana, kuhaon nato.	Come on, let's get them.

3.2 Vocabulary

bag	bag	pitaka	wallet
dala	bring	pusil-pusil	toy gun
gitara	guitar	sapatos	shoes
kuha	get	sinina	dress
monyeka	doll	sinugatan	presents
para	for		

3.3 Tubaga ang mga pangutana
- a) Unsay mga dala ni Joe?
- b) Para kang kinsa ang monyeka?
- c) Unsay para kang Napo?

6

d) Para kang kinsa ang libro?
e) Para lang ba sa mga bata ang dala ni Joe?
f) Unsay para kang Joy?
g) Para kang kinsa man ang bag ug pitaka?
h) Unsay para kang Tatay?
i) Unsay para nila ni Mark ug ni Jennee?

3.4 Tell your partner about the presents of Joe.

3.5 Write something about the presents you brought home for your family.

4. GRAMMAR NOTES

4.1 Para/Alang kang kinsa connotes benefactive comment

- Examples:

Para kang kinsa	kini?	Para	kaninyo.	For you
	ang kape?		sa doktor.	For the doctor
	ang sinina?		kang Joy.	For Joy
	kining kwartaha?		nila ni Joe ug Mark	For Joe and Mark
	ang mga sapatos		sa mga bata	For the children

4.2 Structures of benefactive phrases:

para + sa-nouns $\left\{ \begin{array}{l} \text{sa + (mga) common noun} \\ \text{\{kanako, kanimo, kaniya, kanato, kanamo, kaninyo, kanila\}} \\ \text{kang/ni + person's name} \\ \text{nila ni + persons' name} \end{array} \right\}$

- More examples of benefactive phrases as comments:

Comment	Topic
Para nila ni Maria	ang kwarto
Para ba kanamo	ang mga prutas?
Para kanato	kanang mga papel.
Para kang Jose	ang mga tawo

4.3 Alternate Forms for Kanako personal pronouns in benefactive phrases

para kanako	para nako	para sa ako
para kanimo	para nimo	para sa imo
para kaniya	para niya	para sa iya
para kanato	para nato	para sa ato
para kanamo	para namo	para sa amo
para kaninyo	para ninyo	para sa inyo
para kanila	para nila	para sa ila

4.4 **Kang Kinsa** connotes **ownership**

- Examples:

Kang kinsa	kining libro?	Kang Pedro	*Pedro's.*
	ang pitaka?	Iyaha	*His/hers.*
	ang balay?	Iya ni Maria	*Maria's*
	kanang awto?	Ilaha/Akoa	*Theirs/Mine*
	kini?	Atoa/Amoa	*Ours*
	kadto?	Inyo tingali	*Maybe yours*

4.5 Structures of possessive phrases:

kang + person's name	kang Rosa
ila/iya + ni + person's name	ila ni Pedro
iya/ila + sa/sa mga + common noun	iya sa bata
ako/akoa, imo/imoha, iya/iyaha; ato/atoa, amo/amoa, inyo/inyoha, ila/ilaha	akoa

4.6 Possessive Phrases as comments of the sentence

Comment	Topic
Iya ni Rosie	ang balay sa Cebu
Kang Tita Ched	ang awto sa garahe
(Iya) sa nars	kana.
Ako	kadtong igsoon
Ila sa mga bata	kining mga sapatos
Ila ni Tatay ug Nanay	ang kwarta sa bangko

4.7 Alternate forms of possessive pronouns

Iyang anak ang nars	Anak niya ang nars	*The nurse is her daughter*
Akong higala si Ana	Higala ko si Ana	*Ana is my friend*
Imong anak si Mark	Anak nimo si Mark	*Mark is your son*
Inyong awto kadto	Awto ninyo kadto	*That yonder is your car*
Ilang balay kana	Balay nila kana	*That is their house*
Atong trabaho kini	Trabaho nato kini	*This is our job*
Among igsoon si Joy	Igsoon namo si Joy	*Joy is our sister*

4.8 Benefactive phrases may be converted to possessive phrases by dropping the first word in the phrase:

Benefactive P		Possessive P	
Para kang kinsa	*For whom*	kang kinsa	*Whose*
Para sa bata	*For the child*	sa bata	*the child's*
Para kang Jose	*For Jose*	kang Jose	*Jose's*
Para sa amo	*For us*	Amo/amoa	*Ours*
Para sa inyo	*For you*	Inyo/inyoha	*Yours*
Para nila ni Jay	*For Jay & co.*	Ila/ilaha ni Jay	*Jay's & co*

4.9 Converting Benefactive to Possessive Comments

Benefactive Comments	Possessive Comments
Para sa bata kanang gatas	Sa bata kanang gatas
Para kang Ed ang pitaka	Kang Ed ang pitaka
Para kanamo ang mga papel	Amo/amoa ang mga papel
Alang kanako ang balay	Ako ang balay
Para kaniya ang kape	Iya/iyaha ang kape

4.10 Negating Benefactive and Possessive Comments

Benefactive Comments	Possessive Comments
Dili para sa bata kanang gatas	Dili sa bata kanang gatas
Dili para kang Ed ang pitaka	Dili kang Ed ang pitaka
Dilli para kanamo ang mga papel	Dili amoa ang mga papel
Dili alang kanako ang balay	Dili ako ang balay

4.11 Para kang kinsa with other question words

Unsa may para kanako?	Kanang pitaka ug bag
Asa man ang para kang Tatay?	Tua pa sa awto.
Para ba kanamo ang mga prutas?	Dili. Para kang Jennee kana.
Duna bay para sa amo?	Nia say para (ka)ninyo
Para sa mga bata kini, dili ba?	Oo, para sa mga bata kana.
Para kang kinsa ba kini?	Para sa kang Juan

5. EXERCISES

1. Fill in the blanks with appropriate linker, marker, or pronoun forms

    Nia ___ (1) igsoon ___ (2) Juan. Nagdala ___ (3) ug sinugatan. Para ___ (4) ilang amahan ___ (5) sapatos; para _____ (6) Jun ___ (7) pitaka; para ___ (8) Joy ug Ana ___ (9) mga sinina. Unsa kaha ___(10) para ___ (11) ako?

2. Use KANAKO personal pronouns as benefactive comments in a sentence.

3. Convert these benefactive comments to possessive comments.

4. Transform your sentences by:
    a) Negation
    b) Asking questions --yes-no questions, tag questions, wh-questions
    c) Answer the questions that you've formed.

5. Translate the following to English

Unsa may para kanako?	
Asa man ang para kang Tatay?	
Para ba kanamo ang mga prutas?	
Duna bay para sa amo?	
Para sa mga bata kini, dili ba?	
Para kang kinsa ba kini?	
Kanang pitaka ug bag	
Tua pa sa awto.	
Dili. Para kang Jennee kana.	
Nia say para ninyo	

Ikaduhang Pasulit
Second Examination
B

1. Translate the following to Cebuano.

   a. He is John. He's a doctor. He's an American. He's my student in Cebuano.

   b. This is Linda. She's Maria's friend. She's from Canada.

   c. Rosa is Alma's mother. She is here in Manila. Alma is not here. She's in Cebu. She's a doctor there.

   d. The missionary's house is near the church. It is beside the school and the bank. It is across from the moviehouse beside the store. That is Paul. He is the missionary.

   e. This book is for Mark. That money is for Joe. The car is for Nene.

   f. These books are Mark's; those papers are Jennee's; and those bags over there are mine and yours.

2. Negate all these translated sentences.

3. Transform these sentences by asking UNSA, KINSA, ASA, PARA KANG KINSA, and KANG KINSA questions. Answer the questions.

4. Where possible convert benefactive phrases to possessive ones.

This lesson is an excerpt from
Jessie Grace U. Rubrico's *Magbinisaya Kita Primer 1*
ISBN 978-971-93688-0-9

7 Leksyon 7 Mga Adhetibo
Lesson 7 Adjectives

1. DIALOG 8

Bong	Pagkanindot sa imong sinina! Niwang ka tan-awon niana.	*How beautiful your dress is! You look slim in it.*
Mila	Salamat. Gwapa ba 'sab ako tan-awon?	*Thank you. Do I look pretty also?*
Bong	Gwapa 'sab. Mahal ba kanang sinina mo?	*Pretty, too. Is that dress of yours expensive?*
Mila	Barato lang. Mas mahal kadtong pula nga palda.	*It's cheap. That red skirt is more expensive*
Bong	Mubo kaayo kadto apan nindot gihapon.	*That's very short but nice, too.*
Mila	Tugnaw pa ba sa gawas?	*Is it still cold outside?*
Bong	Dili na tingali. Init na man gani dinhi sa sulod.	*Probably not anymore. It's even hot here inside*
Mila	Bag-o ba kanang imong polo ug pantalon?	*Are those polo and pants of yours new?*
Bong	Oo. Dili ba luag ang polo?	*Yes. Isn't the polo loose?*
Mila	Iksakto lang. Morag taas ka tan-awon niana.	*It's just right. You look tall in that.*
Bong	Gwapo pa gayod, di ba?	*And handsome, too, right?*
Mila	Husto na kana. Moadto na ta.	*That's enough. Let's go.*

2. VOCABULARY

2.1 Some Adjective Pairs (opposites)

	Eng gloss		*Eng gloss*
bag-o–daan	*new –old*	**gwapa/gwapo**	*pretty/handsome*
barato–mahal	*cheap –expensive*	**-- pangit**	*--ugly*
daghan–gamay	*plenty –few*	**init –tugnaw**	*hot –cold*
dako–gamay	*big –small*	**kugihan - tapulan**	*industrious–lazy*

duol–layo	*near –far*	**kusog –hinay**	*fast –slow*
kusgan–luya	*strong –weak*	**nindot –maut**	*nice –ugly*
luag–piot	*loose –tight*	**niwang –tambok**	*thin –fat*
maayo–daotan	*good –bad*	**taas –mubo**	*tall –short*
malipayon	*happy*		
--masulob-on	*–sad*		

2.2 Other words and expressions

	Eng		*Eng*		*Eng*
isda	*fish*	**lubi**	*coconut*	**pula**	*red*
gawas	*outside*	**mas**	*more*	**sulod**	*inside*
kaayo	*very*	**pagkaon**	*food*	**sama sa**	*like*
karne	*meat*	**palda**	*skirt*	**tan-aw**	*look*
kawayan	*bamboo*	**pantalon**	*pants*	**tubó**	*sugar cane*
husto na > *that's enough*			**iksakto** lang > *just right*		

3. PRACTICE (PAGBANSAY)

3.1 Basaha pag-usab ngadto sa imong partner ang dialog 8 ug ipatubag kaniya ang mosunod nga mga pangutana:

a) Unsa ang nindot?

b) Kinsay niwang tan-awon?

c) Mahal ba ang sinina ni Mila?

d) Unsay mas mahal kay sa sinina?

e) Taas ba ang palda?

f) Unsay kolor sa palda?

g) Piot ba ang polo ni Bong?

h) Daan ba ang pantalon ni Bong?

i) Init na ba sa gawas?

3.2 Do this with your partner. Construct a dialog using any 10 of the following adjectives:

bag-o	daan	daghan	dako	daotan
gamay	gwapa/gwapo	kugihan	kusgan	luya
maayo	malipayon	masulub-on	mubo	nindot
niwang	pangit	taas	tambok	tapolan

3.3 Negate the adjective clauses below by using "DILI":

Gwapa ang iyang inahan	
Mahal kaayo ang pagkaon	
Barato kanang libroha	
Bag-o pa diay kini	
Tapulan ang estudyante	
Tambok na ang imong anak	
Niwang pa sila si Nena ug Ana	

4. GRAMMAR NOTES

4.1 Simple adjectives as comments of the sentence.

Comment	Topic	Eng Gloss
Barato	ang isda	*Fish is cheap*
Kusgan	siya	*He's strong*
Nindot	kana	*That's nice*
Niwang	si Elma	*Elma is thin*
Masulub-on	ang ilang amahan	*Their father is sad*

4.2 Plural Form of some adjectives: The following adjectives may be pluralized by inserting the infix "g":

dako	dagko	layo	lagyo
duol	dug-ol	mubo	mugbo
gamay	gagmay	taas	tag-as

4.3 Comparative Inflection of Adjectives takes the structure:

mas + adjective + ang Noun + kay + sa Noun

- Examples

Comparative	Eng Gloss
Mas niwang si Rosa kay kang Elma	*Rosa is thinner than Elma*
Mas barato ang isda kay sa karne	*Fish is cheaper than meat*
Mas kusgan siya kay kanako	*He's stronger than me*
Mas nindot kana kay niini	*That's nicer than this*

- Review:

ang -Noun (N)	sa -Noun (N)
ang/ang mga + common N	sa + locative N
ang + poss pron + common N	sa/sa mga + common N
si/sila si/ni + person/s name	kang + person's name
ako; ikaw/ka; siya; kita; kami; kamo; sila	kanako; kanimo; kaniya; kanato; kanamo; kaninyo; kanila
kini, kana, kadto	niini, niana, niadto

4.4   Superlative Inflection of Adjectives takes the structure:

ang + labing/pinaka + adjective

- Examples

Si Lingling ang labing tambok kanato.	*Lingling is the fattest among us*
Kamo ang labing maayo.	*You are the best*
Kining awtoha ang pinakakusog	*This car is the fastest*
Ang maestra ang pinakatapulan	*The teacher is the laziest*
Kana ang labing nindot	*That is the nicest*

4.5 Conversion from simple to comparative, then to superlative adjectives

Niwang si Elma	Mas niwang si Elma kay kang Mildred	Si Gloria ang pinaka-niwang kanila.
Taas ang tubo	Mas taas ang kawayan kay sa tubo	Ang lubi ang pinakataas niini.
Mahal ang isda	Mas mahal ang manok kay sa isda	Ang karne ang pinakamahal
Kugihan ang estudyante	Mas kugihan ang maestra kay sa estudyante	Ang doktor ang labing kugihan kanila.

4.6 Converting simple adjective to intensive adjectives

a) Study the following sentences:

Simple Adj	Intermediary Form	Intensive Adj
Mahal ang isda	Mahal kaayo ang isda	Pagkamahal sa isda!
Nindot ang balay	Nindot kaayo ang balay	Pagkaanindot sa balay!
Kugihan siya	Kugihan kaayo siya	Pagkakugihan niya!
Niwang ang iyang inahan	Niwang kaayo ang iyang inahan	Pagkaniwang sa iyang inahan!

b) The adverb "kaayo" (very) modifies the simple adjective:

mahal	mahal kaayo	expensive	very expensive
nindot	nindot kaayo	nice	very nice
kugihan	kugihan kaayo	industrious	very industrious
niwang	niwang kaayo	thin	very thin

c) The simple adjective is modified and transformed:

simple adj + kaayo (modified adjective) > pagka- + adj

- Examples
  mahal kaayo > pagkamahal

  nindot kaayo > pagkanindot

  kugihan kaayo > pagkakugihan

  niwang kaayo > pagkaniwang

d) The "ang-Noun" changes to "sa-Noun":
  Mahal kaayo ang isda > Pagkamahal sa isda!

  Nindot kaayo ang balay > Pagkanindot sa balay!

  Kugihan kaayo ang estudyante > Pagkakugihan sa estudyante!

e) The conversion process is thus summarized as follows:

simple adj + ang-Noun > simple adj + kaayo + ang-Noun

> pagka- + adj + sa-Noun

4.7 Expressing similarity of quality

    a) Study the following sentences:

Sama kanimo siya kagwapa	*She's as pretty as you are*
Sama sa lubi ang iyang kataas	*He's as tall as the coconut*
Sama niini ang ilang kamaayo	*They're as good as this*

    b) "Sama" may be substituted with the terms "ingon" or "pareha"

    c) Topic personal pronouns may take second position in the sentence:

sama kanimo siya kagwapa	sama siya kanimo kagwapa
ingon kanamo sila katag-as	ingon sila kanamo katag-as
pareha kanila kami kadaghan	pareha kami kanila kadaghan

    d) In asking a yes-no questions, the question particle "ba" takes precedence over personal pronouns in sentence position:

Sama ba siya kanimo kagwapa?
Ingon ba sila kanamo katag-as?
Pareha ba kami kanila kadaghan?

4.8 Negating adjectives. Negate adjectives by putting "dili" before it.

- Examples: dili gwapa; dili tambok; dili tapolan; dili tag-as; dili daghan

4.9 Adjectives in noun phrases takes the following structures:

    a) adjective + linker "ng"/ "nga" + noun

    b) noun + linker "ng"/"nga" + adjective

- The linker "ng" is used when the word to be linked ends in a vowel, while the linker "nga" is used when it ends in a consonant.

adj + linker + noun	noun + linker + adj
taas nga tawo	mga tawong tag-as
tambok nga bata	batang tambok
baratong isda	isdang barato
mugbong mga balay	mga balay nga mugbo

5. EXERCISES (Homework)

1. Translate the following sentences to Cebuano.
   a. The teacher is lazy
   b. Her mother is pretty
   c. Meat is cheap
   d. Bamboos are tall
   e. Their children are happy

2. Negate the adjective. Then restate your negation by using the opposite adjective. Example: The church is far.

   (a) Layo ang simbahan.
   (b) Dili layo ang simbahan.
   (c) Duol ang simbahan.

3 Transform the simple adjective comments to:
   a) comparative
   b) superlative
   c) intensive

4. Transform these sentences further by stating similarities.

5. Look at the picture. Describe it in Cebuano.

sampan©jaguar0106hk

Leksyon 8 Mga Numero sa Cebuano
Lesson 8 Cebuano Numerals
8

1. DIALOG 9

Jay	Pilay pliti paingon sa Cebu?	*How much is the fare to Cebu?*
Mel	Mga mil kwatro siguro	*Maybe about 1,400 pesos*
Jay	Kamahal ba! Layo ba kana?	*How expensive! Is that far?*
Mel	Mga usa ka oras sa eroplano gikan dinhi.	*About an hour by plane from here*
Jay	Unsang orasa ang unang biyahe?	*What time is the first flight?*
Mel	Alas singko y medya sa buntag	*Five thirty in the morning*
Jay	Ang katapusang biyahe?	*How about the last trip?*
Mel	Alas nwebe sa gabii	*Nine o'clock in the evening*
Jay	Unsa kadugay ang biyahe gikan dinhi paingon sa airport?	*How long is the trip to the airport from here?*
Mel	Traynta ngadto sa kwarentai-singko minutos lang sa awto.	*Thirty to forty-five minutes only by car.*
Jay	Sige, magpalit na kog tiket.	*Okay, I'll buy the ticket now*

2. VOCABULARY

adlaw	*sun; day*	**magpalit**	*to buy*
biyahe	*Trip*	**minutos**	*minutes*
eroplano	*Airplane*	**paingon**	*go*
gikan dinhi	*from here*	**pila(ka buok)**	*how many*
kadugay	*length (time)*	**pliti**	*fare*
katapusan	*last*	**semana**	*week*

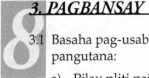

3. PAGBANSAY

3.1 Basaha pag-usab ang dialog 9 ug tubaga ang mosunod nga pangutana:

a) Pilay pliti paingon sa Cebu?
b) Mahal ba kini?
c) Unsang orasa ang unang biyahi sa eroplano?
d) Unsang orasa ang kataposang biyahi?
e) Pila ka oras ang biyahi paingon sa Cebu?
f) Kinsay moadto sa Cebu?
g) Layo ba ang Cebu gikan sa Manila?

3.2 Basaha ang mosunod nga teksto:

Layo ang Cagayan de Oro gikan sa Manila. Mga usa ka oras ug 15 minutos sa eroplano, o mga 36 oras sa barko. Kung mag-awto, mga 48 oras. Mas mahal ang pliti sa eroplano kay sa pliti sa barko: mga 2,800 pesos sa eroplano ug 2,200 pesos sa barko. Labing barato ang pliti sa bus, mga 1,200 pesos lamang. Apan mas layo ang Davao kay sa Cagayan de Oro ug Cebu, usa ka oras ug tunga ang biyahi sa eroplano gikan sa Manila paingon sa Davao. Mas dugay ang biyahi sa barko. Dunay bus nga moadto sa Davao gikan sa Manila. Dugay gihapon ang biyahi niini. Ang Cagayan de Oro ug ang Davao anaa sa isla sa Mindanao, samtang ang Manila sakop sa Luzon. Ang Cebu sakop sa isla sa Visayas.

3.3 Tubaga ang mga pangutana

a) Unsay mas layo gikan sa Manila, Cebu o Cagayan de Oro?
b) Unsay pinakalayo gikan sa Manila, Cebu, Cagayan de Oro, o Davao?
c) Mas mahal ba ang pliti sa barko kay sa eroplano?
d) Mas barato ba ang pliti sa barko kay sa bus?
e) Mas dugay ba ang biyahi sa barko kay sa bus?
f) Unsay pinakadali nga sakyan gikan sa Manila ngadto sa Davao?
g) Unsay labing baratog plitihan ngadto sa Davao o Cebu- barko o eroplano?

3.4 Tun- i ang mga numero Cebuano:

a) Cebuano Cardinal numbers and Spanish equivalent: 1-10

	Cebuano	Spanish		Cebuano	Spanish
1	usa	uno	6	unom	sais
2	duha	dos	7	pito	siete
3	tulo	tres	8	walo	otso
4	upat	kwatro	9	siyam	nwebe
5	lima	singko	10	napulo	diyes

b) Cebuano cardinal numbers: by 10s

	Cebuano	Spanish		Cebuano	Spanish
10	napulo	diyes	60	kan-uman	saisenta
20	kawhaan	baynte	70	kapituan	sitenta
30	katloan	traynta	80	kawalwan	otsenta
40	kap-atan	kwarenta	90	kasiyam-an	nubenta
50	kalim-an	singkwenta	100	usa ka gatus	siyen

c) Tens + ones

	Cebuano	Spanish
11	napulog usa	onse
22	kawhaag duha	baynte dos
33	katloag tulo	trayntaitres
44	kap-atag upat	kwarentaikwatro
55	kalim-ag lima	singkwentaisingko
66	kan-umag unom	saysentaisais
77	kapitoag pito	sitentaisiete
88	kawalwag walo	otsentaiotso
99	kasiyamag siyam	nubentainuwebe

4. GRAMMAR NOTES

4.1 Derivation of Cebuano numerals (from 11 up)

- Basic numerals (1-10): usa, duha, tulo, upat, lima, unom, pito, walo, siyam, napulo.

11-19	napulog (<napulo + ug -- ten and) + basic num	
11	ten and one	napulo ug usa	napulog usa
15	ten and five	napulo ug lima	napulog lima
19	ten and nine	napulo ug siyam	napulog siyam
21-29	kawhaag (<kawhaan + ug -- twenty and) + basic num	
	twenty and two	kawhaan ug duha	kawhaag duha
	twenty and four	kawhaan ug upat	kawhaag upat
	twenty and six	kawhaan ug unom	kawhaag unom
31-39	katloag (<katloan + ug -- *thirty and*) + *basic num*	
41-49	kap-atag (<kap-atan ug -- *forty and*) + *basic num*	
51-59	kalim-ag (<kalim-an ug -- *fifty and*) + *basic num*	
61-69	kan-umag (<kan-uman ug -- *sixty and*) + *basic num*	
71-79	kapitoag (<kapitoan ug -- *seventy and*) + *basic num*	
81-89	kawalwag (kawalwan ug -- *eighty and*) + *basic num*	
91-99	kasiyamag (<kasiyaman ug -- *ninety and*) + *basic num*	
100s	basic num + ka + gatus > usa ka gatus	
1000s	basic num + ka + libo	

- The Cebuano numeral system is generally used for expressing quantity. Thus: duha ka bata; lima ka tawo; unom ka libro; napulo ka babaye tulo ug tunga ka oras; kawhaan ka tuig; pito ka semana

4.2 Use PILA/PILA KA BUOK to ask for quantity:

Pilay imong edad?	Kwarenta	*Forty*
Pilay tua sa Cebu?	Baynte	*Twenty*
Pila ka buok ang libro nimo?	Duha ka buok	*Two (pieces)*
Pila ka buok ang imong awto?	Usa lang	*Only one*
Pila ka kilo ang isda?	Napulo	*Ten*

- Structures for PILA questions:

PILAY (<pila ang) (marker) + noun

PILA + ka + qualifiers (buok/kilo, etc.) + ang noun

4.3 The derivation of Cebuano forms of Spanish numerals

1-10	uno, dos, tres, kwatro, singko, sayis, siete, otso, nwebe, diyes	
11-19	onse, dose, trese, katorse, kinse, desisayis, desisiete, desiotso, desinwebe, baynte	
21-29	baynte + basic num	baynte uno
		. . . baynte nwebe
31-39	traynta + i /y (and) + basic num	trayntaitres (33)
41-49	kwarenta + i/y + basic num	kwarentaikwatro(44)
51-59	singkwenta + i/y + basic num	singkwentaisingko (55)
61-69	saisenta + i /y + basic num	saisentaisayis (66)
71-79	sitenta + i /y+ basic num	sitentaisiete (77)
81-89	otsenta + i/y + basic num	otsentaiotso (88)
91-99	nubenta + i /y + basic num	nubentainwebe (99)
200-900	basic num + sientos	dosientos; tresientos
		kinientos (exception)
101	siento + basic num	siento dos, siento tres
1000s	basic num + mil	un mil, (not *uno mil*)
		dos mil, singko mil

- The sound /i/ may be written as Cebuano "i" or as Spanish "y" : 100 ~ **sien/syen**

- Spanish numerals are sometimes used for expressing quantity beyond number 10. Thus: dose ka awto; baynte ka palda, etc.

4.4 The numeral linker "ka" connects the number to the noun phrase:

- Structure for these terms is:

    basic num + linker "ka" + noun

- Examples:

pila ka balay	duha ka nindot nga balay
pila ka buok	napulo ka buok
pila ka kilong isda	lima ka kilong isda
pila ka dosena	pito ka dosena
pila ka bukag	singkwenta ka bukag

- The numeral linker "ka" is not used with Spanish numbers 1 to 10. It is **ungrammatical** to say, dos/tres/singko/siete/ nwebe ka bata;

    But the following phrases are acceptable: onse ka bata, dose ka tawo, baynte ka buok awto, kinse ka estudyante

4.5 The conjunction "ug" (*and*) links the tens to the ones. It is contracted to-'g and suffixed to the tens which are linked to the ones. When tens end in consonants, the final consonant is dropped.

- Examples: napulo g duha (12); kawhaag [kawhaan + ug] lima (25); kalim-ag [<kalim-an + ug] pito (57); kapitoag [kapitoan + ug] walo (78); kawalwag [kawalwan + ug] siyam (89).

5. EXERCISES

Read the text and use it to say something about the map. Then translate the text to English.

Dunay tulo ka dagkong isla sa Pilipinas: Luzon, Visayas, ug Mindanao. Tan-awa ang mapa sa isla sa Mindanao. Aduna kini pito ka rehiyon: (1) Kasadpang Mindanao – Zamboanga City, Basilan, Sulu, ug Tawitawi; (2) Amihanang Mindanao – mga Siyudad sa Cagayan de Oro ug Iligan, Bukidnon, Misamis Oriental, ug ang Isla sa Camiguin; (3) *Northwestern Corridor* –Dipolog City, Zamboanga del Norte, Zamboanga del sur, Lanao del Sur, Lanao del Norte, Misamis Occidental; (4) Habagatang Mindanao o Davao Gulf – Davao City, Davao del Norte, Davao del Sur, Davao Oriental, Compostela Valley; (5) Central Mindanao – mga Siyudad sa Cotabato, Kidapawan, Marawi, ug mga probinsiya sa Maguindanao ug Cotabato; (6) Caraga – Butuan City, Agusan del Norte, Agusan del Sur, Surigao City, Surigao del Norte, Surigao del Sur; (7) SOCSKSARGEN – Gen Santos City, Sarangani Province, Sultan Kudarat, ug South Cotabato. Halos tanan sa Mindanao makasulti o makasabot sa Binisaya.

Tinubdan sa Mapa: http://www.mindanao.org/maps/wm1.htm

This lesson is an excerpt from
Jessie Grace U. Rubrico's *Magbinisaya Kita Primer 1*
ISBN 978-971-93688-0-9
Copyright @2009 by the author. All Rights Reserved.

9 Leksyon 9 Tagpila Kini?
Lesson 9 How much is this?

1.1 DIALOG 10

Jay	Barato kaha ang isda karon?	*Do you think fish is cheap now?*
Mel	Ambot lang. Gahapon tagsiento-baynte ang kilo sa bangus.	*I don't know. Yesterday, bangus was P120 per kilo.*
Jay	Tagpila ang kilo sa manok ug sa karneng baboy?	*How much is a kilo of chicken and a kilo of pork?*
Mel	Tag-nubenta ang manok ug tag-siento-diyes ang karneng baboy	*Chicken is P90 per kilo and pork is P110.*
Jay	Ang utanon mahal ba usab?	*Are the vegetables expensive, too?*
Mel	Dili ko sigurado.	*I'm not sure*
Jay	Pila kahay akong dalhon nga kwarta	*How much money, do you think, should I bring?*
Mel	Mga lima o walo ka gatus.	*About 500 or 800 pesos.*
Jay	Moadto na ko.	*I'm going now.*
Mel	Pagdali kay udto na.	*Hurry, it's already noon.*

1.2 DIALOG 11 Sa Merkado

Jay	Kalab-as nianang isdaa. Tagpila man kana?	*How fresh is that fish! How much is that?*
Tita	Tag-otsenta lang ang kilo.	*Only eighty pesos per kilo*
Jay	Mahal man diay. Wala na ba kanay hangyo?	*Oh, it is expensive. Is that price fixed?*
Tita	Barato na kaayo kana.	*That's already very cheap*
Jay	Sige, tagai kog 2 ka kilo niana. Nia ang akong bayad, o.	*Okay, give me 2 kilos of that. Here's the money*
Tita	Salamat. Mopalit ka ba ug alimango ug pasayan, Sir?	*Thank you. Do you like to buy crabs and shrimps, Sir?*
Jay	Tagpila man (ka)na?	*How much are those?*
Tita	Tag-siyento otsenta ang kilo sa pasayan ug tag-singkwenta ang buok sa alimango	*Shrimp is 180 pesos per kilo and the crab is 50 pesos per piece*

Jay	Tagai kog 2 ka kilong pasayan ug lima ka buok nianang alimango. Pila man tanan?	*Give me 2 kilos of shrimp and 5 pieces of those crabs. How much is all of that.*
Tita	Saisento diyes lang, Sir.	*P610.00 only, Sir*
Jay	Nia ang akong bayad.	*Here's my payment.*
Tita	Daghang salamat, Sir.	*Thank you very much, Sir.*

2. VOCABULARY

2.1 Vocabulary

alimango	*crab*	bugkos	*bundle*
bangus	*milkfish*	buok	*piece*
isda	*fish*	dosena	*dozen*
itlog	*egg*	putos	*pack*
kamatis	*tomato*		
karneng baboy	*pork*	dala	*bring*
manok	*chicken*	mopalit	*to buy*
pasayan	*shrimp*	pagdali	*hurry*
talong	*eggplant*	paingon	*go*
utan(on)	*vegetable*		
		bayad	*payment*
minutos	*minutes*	merkado	*market*
gahapon	*yesterday*		
udto	*noon*	lab-as	*fresh*
		sigurado	*sure*

2.2 Common Expressions

Ambot lang	*I don't know*
Di(li) (a)ko sigurado	*I'm not sure*
Nia ang bayad	*Here's the payment*
Pagdali!	*Hurry!*
pila, tagpila	*how much*
tagai ko	*give me*
Wala na bay hangyo?	*Is that price fixed?*

3. PAGBANSAY

3.1 Tubaga ang mga pangutana:

a) Tagpila ang kilo sa isda gahapon?
b) Mas barato ba ang isda karon kay sa gahapon?
c) Tagpila ang kilo sa manok gahapon?
d) Tagpila ang kilo sa baboy?
e) Pila ka kilong isda ang gipalit ni Jay?
f) Tagpila ang buok sa alimango?
g) Tagpila ang kilo sa pasayan?
h) Mahal ba o barato ang alimango?
i) Pila ka kilong pasayan ang gipalit ni Jay?
j) Pila ka buok alimango ang gipalit ni Jay?
k) Pilay kwarta ni Jay? Pilay iyang napalit?
l) Duna bay hangyo ang iyang napalit?
m) Barato ba ang iyang napalit?

3.2 Kwarta sa Pilipinas (peso): Bisayans generally adopt the Spanish numeral system when referring to the currency.

- Coins: singko sentabos; dyis sentabos; baynte-singko sentabos; piso; singko pisos; dyis pisos.

- Bills: baynte pisos; singkwenta pisos; usa ka gatus (Bisaya form); kinientos

- Note: P100 ~ usa ka gatus ka pesos; but P120 ~ siento-baynte; P200 -dosientos; P1000 ~ usa ka libo ka pesos or un mil

3.3 Practice: More money talks in Cebuano

P 1.00	piso	P 199.00	siento nubentainwebe
1.25	uno baynte-singko	125.00	siento baynte-singko
2.50	dos singkwenta	250.00	dosientos singkwenta
5.75	singko sitentaisingko	592.00	kinientos nubentaidos
10.40	dyis-kwarenta	P1,520.00	mil kinientos baynte
21.90	baynte-uno nubenta	10,500.00	dyis mil kinientos
37.10	trayntaisiete dyis	20,000.00	baynte mil

3.4 Presyo sa mga Palaliton: Tan-awa ang larawan ug isulat ang mga presyo sa mga prutas.

4. GRAMMAR NOTES

4.1 Tagpila questions ask for the price of something per unit.

Tagpila ang isda?	Tag-baynte ang buok/usa	*Twenty pesos each*
Tagpila ang kilo sa manok?	Tag-otsenta lang.	*P80.00 only*
Tagpila ang bugkos sa talong?	Tag-kinse pesos.	*Fifteen pesos each*
Tagpila ang itlog?	Kwatro ang buok/usa; Kwarentaiotso ang dosena	*Four pesos each; Forty-eight per dozen*
Tagpila ang putos sa kamatis?	Tag-dyis lang.	*Ten pesos only.*
Tagpila ang imong sapatos?	Tag-usa ka libo.	*One thousand pesos*

9

4.2 The structure of Tagpila questions:

a) Tagpila + ang noun	Tagpila ang itlog
	Tagpila ang kamatis?
	Tagpila ang ilang mga libro?
	Tagpila kini?
	Tagpila kanang alimango?
	Tagpila ang karneng baka?
	Tagpila kadtong isdaa?
b) Tagpila + ang + qualifier + sa noun	Tagpila ang kilo sa manok?
	Tagpila ang pundok sa kamatis?
	Tagpila ang dosena sa itlog?
	Tagpila ang bugkos niini?
	Tagpila ang kahon sa bulad?
	Tagpila ang bugkos niadto?
	Tagpila ang bugkos niana?
c) Tagpila + particles + ang noun/ ang + qualifier + sa noun	Tagpila man ang bangus?
	Tagpila diay ang bugkos niana?
	Tagpila lagi kana?
	Tagpila man diay kuno kadto?
	Tagpila kaha kanang iyang sinina?

4.3 Tagpila questions may be answered by:

a) tag- + the amount	tag-kwarenta pesos
	tag-uno-singkwenta
b) tag- + the amount +ang + qualifier	tag-nwebe ang kilo
	tag-nubenta ang usa
c) the amount only	Tagpila ang dosena niini?
	---Baynte (pesos)
	Tagpila ang pundok sa utan?
	---Singkwenta

4.4 Tagpila with other question words:

a) Tagpila with Asa	Asa niana ang tag-baynte?
	Asang karneha ang tagdosientos?
	Asa ang tagsingkwenta?
b) Tagpila with Ba	Kini ba ang tag-usa ka gatus?
	Tagpiso lang ba kanang isdaa?
	Tagpila ba gyud kining saginga?
c) Tag- question with tagpila	Kana ang tag-dos, di(li) ba?
	Dili ba kadto ang tag-singko pesos?
	Tagkinse kanang saginga, di ba?

5. EXERCISES

1. Pretend that you are in a department store. Construct a short dialog between you and a sales assistant (in Bisaya).

2. Say the following in Bisaya:

   a) The airplane fare from Manila to Davao is P1,500.

   b) Your dress is P1,200. It is more expensive than mine.

   c) Pork is P100 per kilo today. Yesterday it was only P85.00 per kilo.

3. Transform your translated sentences by:
   a) asking questions: ba-, tagpila, wh-.

   b) answering the questions in the negative.

   c) negating your sentences

This lesson is an excerpt from
Jessie Grace U. Rubrico's *Magbinisaya Kita Primer 1*
ISBN 978-971-93688-0-9
Copyright @2009 by the author. All Rights Reserved.

10 Lesksyon 10 Ikapila Ug Makapila?
Lesson 10 Expressing Order And Frequency

May mga adlaw nga mahinungdanon alang sa mga Pilipino. Ang ilang adlawng natawhan, ug usab ang adlawng natawhan sa ilang mga minahal sa kinabuhi, anibersaryo sa kasal, o ang ikakwarenta ka adlaw human sa kamatayon sa ilang minahal. Pamatia ug basaha uban sa imong partner ang mga dialog nga mosunod.

1.1 DIALOG 12

Pedro	Junjun, adlaw na sa imong Mama sa Lunes.	*Junjun, it's already your Mom's birthday on Monday.*
Junjun	Lagi, Pa. Ika-60 na niya ning adlaw, Pa, di ba?	*I know, Dad. This is already her 60th birthday, Dad, isn't?*
Pedro	Oo, ika-60 na.	*Yes, the 60th already.*
Junjun	Di ba adlaw mo man usab sa Domingo, Pa?	*Isn't it your birthday also on Sunday, Dad?*
Pedro	Oo, ika-65 nakong adlawng natawhan.	*Yes, my 65th birthday.*
Junjun	Usahon na lang nato pagsaulog ang inyong adlaw sa Domingo.	*We'll just celebrate both your birthdays on Sunday.*
Pedro	O sige. Igna ang imong magulang ug mga manghod.	*Okay, Tell your older and younger siblings.*
Junjun	Kini si Manoy makausa lamang nakauli karong tuiga.	*Older brother just came home once this year.*
Pedro	Maayo pa kadtong manghod mo. Makalima na makauli karong tuiga.	*That younger sibling of yours did better. She came home five times this year.*
Junjun	Ako sab, Pa, una ko pa kining pauli karong tuiga, dili ba?	*Me, too, Dad, this is my first time to come home, isn't it?*
Pedro	Hinoon. Hala sigi, pahibal-a ang imong mga igsoon.	*Well. Okay then, inform your siblings.*
Junjun	Sige, Pa.	*Okay, Dad.*

1.2 DIALOG 13

Ika-singkwenta nga anibersaryo sa kasal

Susan	Malou, Boda de Oro diay sa imong mga ginikanan?	*So it's the Golden Wedding Anniversary of your parents, Malou?*
Malou	Oo, ika-singkwenta na nila nga anibersaryo sa ilang kaminyoon.	Yes, it's now their 50th wedding anniversary.
Susan	Makapila ba sila magpakasal?	How many times were they wed?
Malou	Morag makatulo na. Una sa huwes. Ikaduha sa ika-25 nilang anibersaryo, ug ikatulo karon sa ilang ika-50.	*Maybe three times already. First by the judge. Second on their 25th anniversary, and this on their 50th will be the 3rd.*
Susan	Pilay edad nila, Day?	*How old are they, Day?*
Malou	Si Papa, 78 ug si Mama, 70.	*Dad is 78, and Mom is 70.*
Susan	Pila may gastohon ninyo niining okasyona?	*How much will you be spending on this occasion?*
Malou	Mga baynte ka libo kada usa namo.	*About 20,000 for each one of us.*
Susan	Pila diay mo nga magsoon, Day?	*How many are you in the family?*
Malou	Siyam ra man hinoon. Ako ang kamanghuran.	*Well, only nine. I'm the youngest.*
Susan	Nia mo tanan sa Pilipinas?	*Are all of you here in the Philippines*
Malou	Ang among kamagulangan tua sa Canada; ang ikaduha tua sa Germany; ang ikatulo tua sa London; ang ikaupat ug ikalima tua sa America; ang ikaunom ug ikapito tua sa Singapore. Kami lang duha ni Marcia ang nia sa Pilipinas.	*Our eldest is in Canada; the second, in Germany; the third, in London; the fourth and the fifth are in the United States; the sixth and the seventh are in Singapore. Both Marcia and I are the only ones here in te Philippines.*
Susan	Makapila na makabiyahi sa gawas ang imong mga ginikanan?	*How many times have your parents travelled abroad?*
Malou	Makadaghan na. Apan ako, wala pa sukad.	*Many times, But me, not yet ever since.*

1.3 DIALOG 14

10

Paghandom sa Ika-kwarenta nga Adlaw sa Pagkamatay: Gihisgotan ni Minda ug si Tina ang Hubkas sa amahan ni Bentong nga ilang kauban sa opisina.

Minda	Dako kaayo'g gasto tong hubkas sa Papa ni Bentong ba?	*That fortieth day of Bentong's father's death was very expensive, wasn't it?*
Tina	Lagi. Morag kulang ang pagkaon.	*I think so. The food seemed insufficient.*
Minda	Upat ka baboy ug duha ka baka ang giihaw.	*Four pigs and two cows were butchered.*
Tina	Haskang daghana sa tawo, uy!	*But there were plenty of people, too!*
Minda	Daghan man god silag mga kadugo.	*Because they have plenty of relatives.*
Tina	Bitaw. Morag didto sab ang halos tanang tawo sa ilang baryo.	*That's right. It seemed that all their barrio folks were there.*
Minda	Naa pa gyud ang nobena. Makasiyam kana buhaton.	*There's also the novena. It's done nine times.*
	Ikapila ba nga anak si Bentong?	*Which child is Bentong?*
Tina	Kamagulangan man tingali. Ang ikaduha, doktora, ang ikatulo, abogado, ang ikaupat, enhinyero, ang kamanghoran, nars.	*The eldest maybe. The second is a doctor; the third, a lawyer; the fourth, an engineer; and the youngest, a nurse.*
Minda	Unom diay sila ka magsoon?	*So there are six of them?*
Tina	Oo, kay namatay man ang ikapito.	*Yes, because the seventh died.*
Minda	O, sige na. Magtrabaho na ta.	*Okay. Let's work now.*
Tina	Mas maayo pa.	*So much the better.*

- **Cultural Notes**

  1. It is customary for the children to go home during their parents' birthdays or wedding anniversaries. They take this occasion to get together for a family reunion. Oftentimes, when the parents are already retired, like in Dialog 13, the children spend for the occasion. More often than not, it is the children who plan on the 50th (Golden) wedding anniversary of their parents. Because golden wedding anniversaries are rare, the children honor their parents and make an effort to come home to the Philippines wherever they are.

2. Dialog 14 is the conversation between two officemates of Bentong whose father died. They're talking about the big expense incurred by Bentong's family on the 40th day after his father's death.

Death of a parent is another time for the children and their families to get together. There is usually a nine-day prayer nightly (novena) after the death. On the fortieth day after death, the family invites friends of their deceased loved one to a feast in his or her honor. The family spends a lot for this.

2. *VOCABULARY*

2.1 Vocabulary

baboy	*pig*	ikaduha	*second*
baka	*beef*	ika-singkwenta	*fiftieth*
hubkas	*40th day after death*	ikatulo	*third*
kadugo	*blood relatives*	ikaupat	*fourth*
abogado	*lawyer*	makalima	*five times*
doktora	*woman doktor*	makapila	*how many times*
enhinyero	*engineer*	makatulo	*thrice*
huwes	*judge*	makausa	*once*
nars	*nurse*		
giihaw	*butchered*	magsoon	*siblings*
magpakasal	*to wed*	kamagulangan	*eldest sibling*
makabiyahi	*able to travel*	kamanghoran	*youngest sibling*

2.2 Useful Phrases

adlaw nga mahinungdanon	*important day*
adlawng natawhan	*birthday*
anibersaryo sa ilang kaminyoon	*their wedding anniversary*
anibersaryo sa kasal	*wedding anniversary*
ika-25 nga anibersaryo	*25th anniversary*
kauban sa opisina	*officemate*
makadaghan na	*many times already*
mga minahal sa kinabuhi	*loved ones*
sa gawas	*outside (of the country)*
wala pa sukad	*never yet*

2.3 Note the gambits and replies:

Ikapila na niya ning adlaw, Pa?	Ika-60 na
Pahibal-a ang imong mga igsoon	O sigi, Pa.
Usahon na lang nato pagsaulog	Hala sigi
Pilay edad	Sitenta
Pila may gastohon	Mga baynte mil kada usa namo
Pagkadako sa gasto!	Didto ang tanang tawo sa ilang baryo
Morag kulang ang pagkaon	Haskang daghana sa tawo, uy!
Ikapila siya nga anak?	Kamagulangan man tingali
Magtrabaho na ta	Maayo pa.

3. PRACTICE (PAGBANSAY)

3.1 Basaha pag-usab ang Dialog 12 ug tubaga ang mosunod nga mga pangutana:
   a) Ikapila nga adlawng natawhan sa Mama ni Junjun sa Lunes?
   b) Ikapila nga adlawng natawhan sa Papa ni Junjun sa Domingo?
   c) Pila ka tuig ang deperensya sa edad sa iyang Papa ug sa iyang Mama?
   d) Ikapila na makauli si Junjun karong tuiga?
   e) Ikapila na makauli ang iyang manghod karong tuiga? Ang iyang magulang?

3.2 Basaha pag-usab ang Dialog 13 ug tubaga ang mosunod:
   a) Ikapila nga anibersaryo sa kasal ang Boda de Oro?
   b) Ikapila makasal ang mga ginikanan ni Malou?
   c) Pilay diperensya sa edad sa Papa ug Mama ni Malou?
   d) Pilay kwarta nga gastohon niini nga okasyon?
   e) Ikapila nga anak si Malou?
   f) Pila sa iyang walo ka igsoon ang tua sa gawas sa nasod?
   g) Makapila na makabiyahi sa gawas ang ilang mga ginikanan?
   h) Makapila na makabiyahi sa gawas sa nasod si Malou?

3.3 Basaha pag-usab ang Dialog 14 ug tubaga ang mosunod:
   a) Unsay hubkas?
   b) Makapila buhaton ang nobena?
   c) Ikapila nga anak si Bentong?
   d) Unsa may mga trabaho sa mga igsoon ni Bentong?
   e) Ikapila nga igsoon ang namatay?

4. GRAMMAR NOTES

4.1   The Bisayan ordinals: to express ranking

Una	Unang Ginang	*First Lady*
Ikaduha	ikaduhang ganti	*second prize*
Ikatulo	ikatulong dapit	*third place*
Ikaupat	ikaupat nga balay	*fourth house*
Ikalima	ikalimang awto	*fifth car*
Ikaunom	ikaunom nga plano	*sixth plan*
Ikapito	ikapitong adlaw	*seventh day*
Ikawalo	ikawalong kwarto	*eighth room*
Ikasiyam	ikasiyam nga semana	*ninth week*
Ikanapulo	ikanapulo nga trabaho	*tenth job*
Ikakawhaan	ikakawhaan nga anibersaryo	*twentieth anniversary*
Katapusan	katapusang estudyante	*last student*

- Note: The Spanish numeral system is also used to express ranking after the tenth. Thus: ika-onse, ikadose, ikabaynte, etc.

  a) Use Ikapila to ask for ranking.

Ikapila nga adlaw kini?	Unang adlaw
Ikapila nga semana kana?	Katapusang semana
Ikapila nga anibersaryo?	Ikanapulog usa; ika-onse

  b)   Structure for ordinal expressions

  IKA + basic num + linker "ng"/"nga" + noun

  c)   Linker "ng" is affixed to numerals ending in vowels; and "nga" to those ending in consonant.

4.2 Makapila: Expressing Frequency

a) Examples

Kapila siya magtuon sa usa ka semana ?	*How many times does she study in a week?*	kaduha	*Twice*
Kapila ka magtudlo sa usa ka adlaw?	*How many times do you teach in a day?*	katulo	*Thrice*
Kapila kamo magkita sa usa ka tuig?	*How often do you see meet in a year?*	Kausa	*Once*

b) The Spanish numeral system is also used to express frequency after ten. Thus: kaonse; kadose; kabaynte; kakwarenta

c) Structure for frequency expression is:

ka + basic number	katulo, kanapulo, kaupat
ka + daghan	several times
talagsa; panagsa	seldom; rarely
dili g(a)yud	never
wala pa sukad	never

d) Asking (Ma)kapila questions takes the structure:

(Ma)kapila + topic pronoun + verb + time phrase

(Ma)kapila + verb + ang noun + time phrase

e) Makapila -question may be answered by the following expressions:

(ma)ka + basic number	pana(la)gsa/talagsa
(ma)kadaghan	dili gayud
	wala pa sukad

5. EXERCISES

5.1 With the help of your partner, choose some phrases from Section 3 and use them as model for a dialog you and your partner construct.

5.2 Translate your dialog to English.

5.3 Translate the following:

a	the second week	
b	the eleventh house	
c	the second mother	
d	the twenty-fifth anniversary	
e	the last day	
f	the twenty fourth hour	
g	four times	
h	six times a week	
i	how many times	
j	the first man	
k	twice a day	
l	once a month	
m	eldest son	
n	youngest sibling	
o	40th day after death	
p	50th wedding anniversary	
q	70th birthday	
r	nine days of prayer	
s	the last trip	
t	very often	
u	never	
v	sometimes	
w	many times	
x	the third wedding	
y	every year	

This lesson is an excerpt from
Jessie Grace U. Rubrico's *Magbinisaya Kita Primer 1*
ISBN 978-971-93688-0-9

11 Leksyon 11 Kanus-a
Lesson 11 Asking When

1. DIALOG 15

Dan	Nora, magminyo ka na man diay kuno.	Nora, they say you're getting married already.
Nora	Tinuod kana	That's true.
Dan	Kanus-a man ang kasal ninyo?	When is your wedding?
Nora	Sa sunod bulan.	Next month
Dan	Unsa mang petsaha kana?	What date is that?
Nora	Petsa 20. Alas singko sa hapon.	The 20th. At five o'clock in the afternoon.
Dan	Unsa gani kanang adlawa?	What day is that?
Nora	Sabado.	Saturday
Dan	Taga-asa man ang pamanhonon?	From where is the groom?
Nora	Taga-Australia.	From Australia
Dan	Kanus-a man siya moabot ?	When is he arriving?
Nora	Sa katapusan ning buwana	At the end of this month
Dan	Dili ba adlaw mo kana?	Isn't that your birthday?
Nora	Oo. Adto sa akong parti, ha.	Yes. Come to my party.
Dan	Unsang orasa man?	What time will that be?
Nora	Didto na lang panihapon.	Just eat your supper there
Dan	O sige. Magkita na lang ta unya.	Okay, We'll see each other then.

2. VOCABULARY

2.1 Vocabulary

	Eng gloss		Eng gloss
adlaw	sun; day; birthday	**kasal**	wedding
bulan	month; moon	**magminyo**	to marry
kanus-a	when	**pamanhonon**	bridegroom
petsa	date	**pangasaw-onon**	bride
		asawa	wife
pamahaw	breakfast	**bana**	husband
panihapon	supper		
paniudto	lunch	**sunod**	next
parti	party		

2.2 Days of the week [Mga Adlaw sa Semana]

Domingo	Sunday
Lunes	Monday
Martes	Tuesday
Myerkules	Wednesday
Hwebes	Thursday
Byernes	Friday
Sabado	Saturday

2.3 Months of the year [Mga bulan sa tuig]

Enero	*January*	**Hulyo**	*July*
Pebrero	*February*	**Agosto**	*August*
Marso	*March*	**Septembre**	*September*
Abril	*April*	**Oktubre**	*October*
Mayo	*May*	**Nobiembre**	*November*
Hunyo	*June*	**Disyembre**	*December*

2.4 Generic Time Nouns

segundo	*seconds*	**kaadlawon**	*dawn*
minuto	*minutes*	**buntag; kabuntagon**	*morning*
gutlo	*moment*	**udto; kaudtohon**	*noon*
oras	*hour*	**udtong tutok**	*high noon*
adlaw	*day*	**palis**	*1-3 o'clock pm*
semana	*week*	**hapon; kahaponon**	*afternoon*
kinsena	*fortnight*	**kilumkilom**	*dusk*
bulan	*month*	**gabii; kagabhion**	*evening/night*
tuig,	*year*	**tungang gabii**	*midnight*
siglo	*century*		

2.5 Legal Holidays [Mga Pista Opisyal]

Bag-ong Tuig	*New Year*
Semana Santa	*Holy Week*
Hwebes Santo	*Maundy Thursday*
Byernes Santo	*Good Friday*
Domingo sa Pagkabanhaw	*Easter Sunday*
Adlaw sa mga Mamumuo	*Labor Day*
Adlaw sa Kagawasan	*Independence Day*
Adlaw sa Nasudnong mga Bayani	*National Heroes Day*
Pasko	*Christmas*
Adlaw ni Rizal	*Rizal's Day*

3. PRACTICE (PAGBANSAY)

3.1 Tubaga ang mga pangutana

a) Kanus-a magminyo si Nora?
b) Unsang petsaha ang iyang kasal?
c) Unsang adlawa ang iyang kasal?
d) Taga-asa ang iyang pamanhonon?
e) Kanus-a man siya moabot sa Pilipinas?
f) Kanus-a ang adlaw ni Nora?
g) Gidapit ba niya si Dan sa iyang adlaw?

3.2 Tun-i ang oras ug tubaga ang mga pangutana sa ubos:

• Clock Time

1:00	ala una	6:22	alas sais baynte dos
1:30	ala una y media; a la una traynta	7:50	menos diyes para alas otso; alas siete singkwenta
2:00	alas dos	8:00	alas otso impunto (sharp)
2:15	alas dos kinse	9:11	alas nwebe onse
3:40	alas tres kwarenta	10:35	alas dyis traintaysingko
4:05	alas kwatro singko	11:42	alas onse kwarentaydos
5:10	alas singko dyis	12 MN	alas dose sa tungang gabii

a) Unsang orasa ang imong pamahaw?
b) Unsang orasa ang inyong klase?
c) Unsang orasa ang imong paniudto?
d) Unsang orasa ang imong panihapon?
e) Unsang orasa ang tungang gabii?
f) Unsang orasa ang udtong tutok?
g) Unsang orasa ka mopauli?

• Day is divided into two 12-hr cycle: *ala una sa buntag* is 1 AM while *ala una sa hapon* is 1 PM. Similarly, *alas dose sa tungang gabii* is 12 o'clock midnight and *alas dose sa udto* is 12 o'clock noon.

3.3 Asking and answering What time and When

Unsang orasa na?; Unsay oras na?	Ala una; Alas dos na.
Unsang orasa ang kasal?	Alas sais sa gabii.
Unsang tuiga ang EDSA Revolution?	Niadtong 1986
Unsang bulana ang Semana Santa?	Abril
Kanus-a ang parti?	Sa Sabado
Kanus-a moabot ang bisita?	Ugma
Kanus-a siya moabot?	Sa sunod bulan

4. GRAMMAR NOTES

4.1 Time phrases for expressing future time take the following structures:

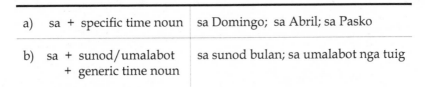

a) sa + specific time noun	sa Domingo; sa Abril; sa Pasko
b) sa + sunod/umalabot + generic time noun	sa sunod bulan; sa umalabot nga tuig

4.2 Time phrases for expressing past time take the following structures:

a) (ka)niadto-ng + specific time noun	(ka)niadtong Lunes [*last Monday*]
b) (ka)niadto-ng + usa ka/ miaging + generic time noun	(ka)niadtong usa ka tuig [*last year*] (ka)niadtong miaging semana [*lastweek*]

4.3 Time substitutes

(ka)niadto	*in the past/ before*	(ka)ganina	*a while ago*
(ka)gahapon	*yesterday*	karon	*now; today*
(ka)gabii	*last night*	ugma	*tomorrow*
		unya	*later*

- Time substitute may combine with other time phrases. This combination takes the structure:

time substitute + linker "ng" + other time phrases	karong adlawa; unyang gabii; ugmang buntag

- Time substitutes may take the time marker "sa" with generic time phrases. Examples: ugma sa buntag; unya sa Lunes; kagahapon sa udto

4.4 Structures of KANUS-A questions:

a) KANUS-A + ang noun (event)	Kanus-a ang parti? Kanus-a ang kasal?
b) KANUS-A + verb + ang noun (person)	Kanus-a moabot ang imong pamanhonon?
c) KANUS-A + topic pers pron + verb	Kanus-a siya moabot?

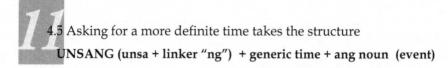

4.5 Asking for a more definite time takes the structure

UNSANG (unsa + linker "ng") + generic time + ang noun (event)

- Examples

  Unsang adlawa ang Pasko?

  Unsang orasa ang kasal?

  Unsang tuiga ang EDSA Revolution?

  Unsang bulana ang Semana Santa?

Note: The Spanish numeral system is generally used for telling time, calendar dates, and monetary purposes such as prices, etc.

- telling time: ala una; alas dos; alas tres; alas dose y media; alas kwatro kinse; alas nwebe baynte; alas dyis singko; menos siete para alas sayis; alas dose impunto; alas otso.

- calendar dates: petsa uno; Hulyo dos; Deciembre trayntaiuno

- prices: tag-dos; tag-singkwenta; tag-dosientos; tag-baynte-singko

5. EXERCISES

5.1 Tell us something about your typical day by answering the following in Bisaya:

What time do you get up?
What time do you eat your first meal of the day?
What time do you go to work?
What time do you go home?
What time do you usually eat dinner?

5.2 Translate the questions above to Bisaya and ask your partner to answer them.

5.3 Read the dialog below and answer the questions after it.

- Dialog 16 Pagpananghid nga Mobakasyon: Giingnan ni Marco
  ang iyang superbisor nga si Dindo bahin sa iyang bakasyon sa
  Manila

Marco	Sir, mananghid unta ko nimo nga karong pitsa baynte, moadto ko sa Manila.
Dindo	Mag-unsa man ka didto, Marco?
Marco	Motambong ko sa tinuig nga panagtipon sa mga abogado, Sir.
Dindo	Unsa man nang adlawa?
Marco	Byernes, Sir.
Dindo	Kanus-a ka man mogikan ug kanus-a pud ka mobalik?
Marco	Sa pitsa disinwibi ko mogikan ug mobalik dayon ko pagka baynte-uno. Dili ko magdugay didto kay daghan pa kog trabahoon dinhi.
Dindo	O, sige. Pag-aplay na dayon ug bakasyon kay akong pirmahan.
Marco	Salamat, Sir.

- Tubaga ang mga pangutana

  1. Kanus-a moadto sa Manila si Marco?
  2. Mag-unsa siya didto?
  3. Unsang petsaha siya mogikan?
  4. Unsang petsaha siya mobalik?
  5. Magdugay ba siya sa Manila?

5.4 Translate the dialog to English

5.5 Try constructing a dialog similar to Dialog 16.

This lesson is an excerpt from
Jessie Grace U. Rubrico's *Magbinisaya Kita Primer 1*
ISBN 978-971-93688-0-9

C Ikatulong Pasulit
Third Examination

1. Matching A with B. Write the letter of the answer in I.

I		A		B
1		kalim-ag pito	a	26
2		kawhaag unom	b	69
3		napulog lima	c	4:05
4		kan-umag siyam	d	10:35
5		kawalwag walo	e	11:42
6		kap-atag upat	f	1,300
7		otsentaiotso	g	15
8		kawhaag unom	h	9:11
9		baynte-sais	i	88
10		kasiyamag siyam	j	8:00
11		kawhaag unom	k	1,520
12		kapitoag pito	l	1.25
13		mil kinientos baynte	m	57
14		otsentaiotso	n	44
15		kinientos	o	592
16		baynte-sais	p	1:30
17		singko mil	q	5,000
18		mil tres	r	7:50
19		uno baynte-singko	s	66
20		kinientos nubentaidos	t	500
21		singko sitentaisingko	u	102
22		alas onse kwarentaydos	v	3:40
23		menos diyes para alas otso	w	5.75
24		alas dyis traintaysingko	x	77
25		alas kwatro singko	y	99
26		alas otso impunto	z	5:10
27		alas nwebe onse		
28		ala una y media		
29		alas tres kwarenta		
30		alas singko dyis		

2. Fill the blanks with correct markers and linkers.

Taga-Manila __ Jay (1). Higala siya ___ (2) Maria. Tua siya ___ (3) Cebu. Mil kwatro ___ (3) pliti paingon __ (4) Cebu gikan ___ (5) Manila. Usa __ (6) oras __(7) biyahe. Unsa __ (8) orasa ___ (9) una __ (6) biyahe __ (10) eroplano paingon didto? Napulo __ (11) duha ___(12) adlaw siya __ (13) Cebu. Nia na tingali siya ugma __ (14)

Lunes o Martes.

3. Answer the following questions properly.

1. Pilay pliti sa eroplano paingon sa Cebu?	
2. Pilay imong edad?	
3. Pila ka kilo ang isda?	
4. Pila ka buok ang libro nila?	
5. Tagpila ang kilo sa manok?	
6. Tagpila ang imong sapatos?	
7. Tagpila kining balaya?	
8. Mahal ba kini o barato?	
9. Pilay kwarta sa imong higala?	
10. Tagpila ang dosena sa itlog?	
11. Tagkinse kanang saginga, di ba?	
12. Asa niana ang tag-baynte?	
13. Asang karneha ang tagdosientos?	
14. Tagpila ba gyud kining saginga?	
15. Ikapila ka nga anak?	
16. Ikapila ka na makauli karong tuiga?	
17. Ikapila na siya makaanhi sa Pilipinas?	
18. Kapila siya magtuon sa usa ka semana ?	
19. Kapila ka magtudlo sa usa ka adlaw?	
20. Kapila kamo magkita sa usa ka tuig?	
21. Kanus-a ka magminyo?	
22. Kanus-a ang adlaw mong natawhan?	
23. Unsang orasa ang imong pamahaw?	
24. Unsang orasa ang inyong klase?	
25. Unsang orasa ka mopauli?	
26. Unsang orasa na?	
27. Unsay oras na?	
28. Kanus-a moabot ang bisita?	
29. Unsang petsaha magsugod ang klase?	
30. Unsang bulana ang Pasko?	

This lesson is an excerpt from
Jessie Grace U. Rubrico's *Magbinisaya Kita Primer 1*
ISBN 978-971-93688-0-9

12 *Leksyon 12 May Ug Wala*
Lesson 12 There Is/Are And None

1. DIALOG 17

Rona	May tawo ba sa opisina?	*Is there anybody in the office?*
Val	Wala pa. Alas nwebe pa sila moabot	*Not yet. They're coming at nine o'clock yet.*
Rona	May kwarta na kaha para sa libro?	*Do you know if there's money for the book already (yet)?*
Val	Dunay kwarta apan wala ko mahibalo kon para asa kadto.	*There's money but I don't know for what that is*
Rona	Asa man ang kwarta karon?	*Where's the money now?*
Val	Tua kang Narsing. Daghan siyag trabaho karon.	*It's with Narsing. She has a lot of work to do now.*
Rona	Dili ba may miting usab siya?	*Doesn't she have a meeting, too?*
Val	Unyang hapon.	*Later in the afternoon.*
Rona	Hulaton ko na lang siya.	*I'll just wait for her.*
Val	O sige, molakaw na ko.	*Okay, I'm going now.*

- **Saying it another way**. Alas nwebe na. Wala pa moabot ang taga-opisina. Wala pay tawo sa opisina. Dunay tuyo si Rona kang Narsing. Daghag trabaho si Narsing. Duna siyay miting. Ang kwarta para sa libro tua kang Narsing. Kini ang tuyo ni Rona kang Narsing.

2. VOCABULARY

2.1 Vocabulary

(a)duna	*there is/are*	**miting**	*meeting*
daghan	*plenty*	**moabot**	*to arrive*
hulaton	*to wait for*	**molakaw**	*to go; to leave*
mahibalo	*to know*	**opisina**	*office*
may	*there is/are*	**trabaho**	*work*

2.2 Common Expressions

(a)nia	it's here	wala pa	not yet
nia ra!	it's here	wala na	no more
tua kang	it's with	walay tawo	there's nobody

2.3 Useful Phrases

daghag trabaho	much work; busy
dunay miting	there is a meeting
dunay tuyo	has a purpose
kwarta para sa libro	money for the book
wala ko mahibalo	i don't know
wala pa moabot	did not arrive yet
wala pay tawo	there's nobody yet

3. PRACTICE (PAGBANSAY)

3.1 Read Dialog 17 again and construct five questions in Bisaya from it. Then ask our partner to answer the questions.

3.2 Complete the sentence below by supplying the missing words:

a. _____ (There is) miting si Narsing.

b. _____ (There is) tuyo si Rona kaniya.

c. Wala _____ (yet) tawo sa opisina.

d. _____ (busy) sila ni Narsing ug Val.

e. _____ (Has not yet) moabot ang mga taga-opisina.

3.3 Study the sentences below:

a) **May** libro sa lamisa	e) **Dunay** libro sa lamisa
b) May libro kaha sa lamisa?	f) **Anaa** kahay libro sa lamisa?
c) May libro tingali sa lamisa	g) Duna tingali libro sa lamisa.
d) May libro ba sa lamisa?	h) **Naa** bay libro sa lamisa?

3.4 Study alternate forms

May libro	**(A)dunay** libro	**(A)naay** libro
miting	miting	miting
tawo	tawo	tawo
problema	problema	problema
kwarta	kwarta	kwarta

3.5 Negation. Read the sentences and let your partner negate them.

Dunay awto sa garahe	Walay awto sa garahe
May pagkaon sa kusina	Walay pagkaon sa kusina
Naay tawo sa gawas	Walay tawo sa gawas
Duna siya-y kwarta	Wala siya-y kwarta
Naay miting karong hapon	Walay miting karong hapon

4. GRAMMAR NOTES

4.1 The expression *MAY* has two meanings (denotations):

   (a) THERE IS/THERE ARE which indicates existence; and,
   (b) HAS/HAVE which indicates possession

4.2 When *MAY* denotes EXISTENCE , it takes the structure:

a) **MAY + Noun + sa-Noun**

b) Examples:

	Noun	sa- Noun	Eng Gloss
May	libro	sa lamisa	*There's a book on the table.*
	pamahaw	sa kusina	*There's breakfast in the kitchen.*
	miting	sa opisina	*There's a meeting in the office.*
	tawo	sa kwarto	*There's somebody in the room.*
	tubig	dinhi	*There's water here.*
	parti	didto	*There's a party over there*
	awto	sa gawas	*There's a car outside*

d) (A)NAA and (A)DUNA alternate with MAY. These alternates take the linker "y" that connects them to the noun:

May tawo sa gawas.	May miting sa simbahan.
(A)naay tawo sa gawas.	(A)naay miting sa simbahan.
(A)dunay tawo sa gawas	(A)dunay miting sa simbahan.
May kwarta sa lamisa	May parti sa ilang balay.
(A)naay kwarta sa lamisa.	(A)naay parti sa ilang balay.
(A)dunay kwarta sa lamisa.	(A)dunay parti sa ilang balay.

e) *MAY* existential is negated by substituting *MAY* with the negator *WALA*. The negator takes the linker "y" that connects it to the noun. This structure takes the form:

WALA + linker "y" + Noun + sa-Noun

- Note the following sentences:

Walay mga libro sa lamisa.	*There are no books on the table.*
Walay pamahaw dinhi.	*There's no breakfast here.*
Walay miting sa opisina.	*There's no meeting in the office.*
Walay tawo sa kwarto.	*There's nobody in the room.*
Walay tubig sa ilang balay.	*There's no water in their house.*
Walay parti sa Domingo.	*There's no party on Sunday*
Walay awto sa garahe.	*There's no car in the garage.*

4.3 When MAY denotes POSSESSION, it takes the structure:

a) **MAY + Noun + ang Noun**

b) Examples

	Noun	ang Noun	Eng Gloss
May	kwarta	si Pedro	*Pedro has money.*
	libro	ang bata	*The child has a book.*
	problema	kami	*We have a problem.*
	pagkaon	sila	*They have food.*
	awto	ang maestra	*The teacher has a car.*

c) *MAY* denoting possession may be negated by the negator *WALA* which is linked to the noun by the linker "y" :

Walay kwarta si Pedro.	Walay awto ang maestra.
Walay libro ang bata	Walay problema sila si Ana.

d) *(A)NAA* and *(A)DUNA* alternate with *MAY*. These alternates also take the linker "y" that connects them to the noun:

May kwarta si Pedro.	May libro ang mga bata.
(A)naay kwarta si Pedro.	(A)naay parti ang mga bata.
(A)dunay kwarta si Pedro.	A)dunay awto ang maestra.

e) When personal pronouns --ako, ikaw/ka, siya, kami, kita, kamo, sila-- are present, they take second position in the sentence. The linker "y" is suffixed to them, thus:

Aduna silay problema.	(A)naa siyay awto.
(A)naa silay problema.	(A)duna siyay awto.
Wala silay problema.	Wala siyay awto.
(A)naa kamoy mga libro.	(A)naa kitay parti.
(A)duna kamoy mga libro.	(A)duna kitay parti.
Wala kamoy mga libro.	Wala kitay parti.

f) *MAY* does not allow particles and pronouns to come between it and the noun phrase.

Ungrammatical	Correct form
may sila problema	may problema sila
may man kwarta si Pedro	may kwarta man si Pedro

g) When particles --man, ba, diay, kuno, etc-- are present, they take precedence over topic personal pronouns (except for "ka") in second position.

May problema ba siya?	Wala kuno silay libro
Duna diay siyay kwarta.	Wala ba kamoy pagkaon?
Naa man koy awto	Wala ka bay awto?

4.4 Asking questions

a) **Kinsa + (particles) ang may/(duna/naa/wala +y) + unmarked noun**

Kinsa ang may problema?	Kinsa ang walay libro?
Kinsa diay ang dunay kwarta?	Kinsa man ang walay pagkaon?
Kinsa ang naay awto?	Kinsa kaha ang dunay tubig?

b) Asking Yes-No questions

Dunay libro sa lamisa	Duna bay libro sa lamisa?
May pagkaon sa kusina	May pagkaon ba sa kusina?
Naay tawo sa gawas	Naa bay tawo sa gawas?
Dunay miabot	Duna bay miabot?
Naay miting sa Lunes	May miting ba sa Lunes?

4.5 Some Particles

ba	Nia ba si Maria?	Wala ra ba
basin	Basig (basin + ug) naa	Basig wala
bitaw	Naa bitaw awto sa gawas	Wala bitaw awto sa gawas
diay	Nia ka diay?	Wala diay sila
	Diay ba?	
gayod/gyud	Naa gyud diay	Wala gyud diay
gihapon	Naa pa gihapon siya	Wala pa gihapon siya
kaha	Naa pa ba kaha sila.	Wala pa ba kaha sila
	Moabot ba kaha siya?	Wala pa ba kaha siya moabot
	Naa ba gayod kaha siya	Wala ba gayod kaha siya?
lagi	Naa lagi sila	Wala lagi sila
la(ma)ng	Duha lang ang naa	Wala lang
man	Naa man sila dinha	Wala man sila dinha
na	Nia na	Wala na
	Adto na; Kaon na	
pa	Naa pa-y pagkaon	Wala pa-y pagkaon
	Naa pa	Wala pa
ra	duha ra	
	Nia ra	
tingali	Naa tingali	Wala tingali
	tingalig ugma	
unta	Naa unta	Wala unta
(u)sab	Nia sab ko sa Lunes	Wala sab ko sa Lunes

5. EXERCISES

5.1 Translate the following sentences to English

May tubig ba kaha dinhi?	
May tawo man sa kwarto	
Naa bay tawo sa kwarto?	
Naay pamahaw sa kusina.	
Duna bay miting unya?	
Naa may libro sa lamisa.	
Morag naa may awto sa gawas.	
May tawo bitaw sa kusina.	
Tingalig dunay pagkaon diha	

5.2 Translate the following sentences to Bisaya

    a.   Jennee has money in the bank.

    b.   We have a house in Cebu.

    c.   Carlos and Romeo have a sister.

    d.   There's food here.

    e.   There are papers and books in the room.

5.3 Transform these sentences in 5.2 by

    a) negating them

    b) asking questions using the all patterns you've learned so far.

5.4 Write a short paragraph using MAY and its substitutes.

5.5 Translate the clause below. Note how the clauses are modified.

a. May kwarta sila si Pedro

b. May kwarta **ba** sila si Pedro?

c. May kwarta **na** sila si Pedro.

d. May kwarta **na ba** sila si Pedro?

e. May kwarta **pa** sila si Pedro.

f. May kwarta **pa ba** sila si Pedro?

g. May kwarta (u)**sab** sila si Pedro.

h. May kwarta **na usab** sila si Pedro.

i. May kwarta **man** sila si Pedro.

j. May kwarta **pa man** sila si Pedro.

k. May kwarta **man diay** sila si Pedro.

l. May kwarta **pa man diay** sila si Pedro.

m. May kwarta **kaha** sila si Pedro?

n. May kwarta **kuno** sila si Pedro.

o. May kwarta **bitaw** sila si Pedro.

p. May kwarta **lagi** sila si Pedro.

q. May kwarta **lagi kuno** sila si Pedro.

This lesson is an excerpt from
Jessie Grace U. Rubrico's *Magbinisaya Kita Primer 1*
ISBN 978-971-93688-0-9

13 Leksyon 13 Gusto Ug Kinahangalan
Lesson 13 Want And Need

1.1 DIALOG 18

Ana	Unsay gusto ni Ben?	*What does Ben like?*
Rosa	Ambot lang kaha.	*I really don't know*
Ana	May kwarta pa ba siya?	*Does he still have money?*
Rosa	Wala na. Kinahanglan tingali niya-g kwarta.	*No more. Maybe he needs money.*
Ana	Unsaon man niya kini?	*What will he do with this?*
Rosa	Gusto niya mopalit ug libro.	*He likes to buy a book.*
Ana	Kinahanglan ba gayod niya kining libroha?	*Does he really need this book?*
Rosa	Tingali. Kinahanglan usab siyag bag-ong sapatos.	*Maybe. He also needs a new pair of shoes.*
Ana	Pila may iyang kinahanglan.	*How much does he need?*
Rosa	Tulo ka gatus lang.	*Three hundred only.*
Ana	Nia ang kwarta nga iyang kinahanglan.	*Here's the money he needs.*

1.2 DIALOG 19

Ang Gusto Ug Ang Gikinahanglan

Anak	Pa, gusto nakog bag para sa eskwela karong Hunyo. Kanang lig-on kaayo ug iksakto lang ang gidak-on.
Papa	Tagpila man kana, Anak.
Anak	Tag-tres-mil kinyentos, Pa.
Papa	Pagkamahal ba usab niana. Wala bay barato-barato?
Anak	Naay tag mil kinyentos, Pa, pero gusto nako tong parehas sa kang Lorna.
Papa	Lig-on ba kanang tag-mil kinyentos?
Anak	Lig-on sab, Pa, pero daan na nga stock sa tindahan.
Papa	Aw, lig-on man kaha. Kadto na lang ang palita. Dako kaayo ang diperensya sa presyo, dos mil pesos. Kadto na lang aron tag-usa mo sa imong manghod. Kinahanglan sab niya ang bag.

Anak	Nindot man kaayo tong tag-tres mil kinyentos, Pa.
Papa	Mahal kaayo ang bag nga imong gusto. Kinahanglan nimo ang bag para sa eskwela. Dili nimo kinahanglan ang mahal kaayo nga bag.
Anak	Gusto man nako to, Pa.
Papa	Maayo man unta to, apan mahal ra kaayo. Ang imong gikinahanglan lig-on nga bag, dili mahalon nga bag.

2. VOCABULARY

2.1 Vocabulary

bakasyon	*vacation*	keso	*cheese*
batan-on	*young*	kinahanglan	*need*
mga batan-on	*young people*	lig-on	*durable*
gatas	*milk*	mopalit	*to buy*
gayod	*really*	tabang	*help*
gusto	*like/want*	tag-usa	*one each*
ilaga	*rat*	unsaon	*how*

2.2 Useful Phrases

apan mahal ra kaayo	*but too expensive*
bag para sa eskwela	*school bag (bag for school)*
iksakto lang ang gidak-on	*the size is just right*
lig-on nga bag	*durable bag*
Maayo man unta (kad)to	*That would have been okay*
mahalon nga bag	*expensive bag*
Wala bay barato-barato?	*Isn't there something cheaper?*

3. PRACTICE (PAGBANSAY)

3.1 Tubaga ang mga pangutana

   a. Unsay gusto ni Ben?

   b. May kwarta pa ba siya?

   c. Unsay gikinahanglan ni Ben?

   d. Unsay gusto paliton ni Ben?

   e. Pila man ang iyang gikinahanglan?

   f) Unsay gusto sa anak?

   g) Tagpila man kini?

   h) Para asa man kini?

i) Unsay gikinahanglan sa anak?

j) Gipalit ba sa amahan ang gusto sa anak?

k) Kon ikaw ang amahan, unsa may imong paliton nga bag, ang iyang gusto o ang iyang gikinahanglan?

3.2 Tubaga ang mosunod nga mga pangutana

a) Unsay imong gusto, kape o gatas?

b) Unsay imong kinahanglan, kape o gatas?

c) Unsay imong gusto, kan-on o pan?

d) Unsay imong kinahanglan, kan-on o pan?

e) Unsay gusto sa imong igsoon, awto o balay?

f) Unsay kinahanglan sa imong igsoon?

g) Unsay kinahanglan sa imong higala?

h) Unsay gusto sa imong inahan?

i) Unsay gusto sa imong igsoon?

j) Unsay iyang kinahanglan?

k) Kinsay gusto sa kape?

l) Kinsay nagkinahanglan sa gatas?

m) Kinsay gusto sa kan-on?

n) Kinsay nagkinahanglan sa pan?

l) Kinsay gusto sa balay?

o) Kinsay nagkinahanglan sa awto?

p) Kinsay imong gusto, si Nena o si Maria?

q Kinsay nagkinahanglan sa libro?

r) Kinsay nagkinahanglag kwarta?

3.3 Isulat ang mga butang nga imong gusto ug ang imong gikinahanglan

Imong Gusto	Imong Kinahangalan

4. GRAMMAR NOTES

4.1 GUSTO phrases take two structures.

a) The first structure is used to refer to definite object of preference:

GUSTO + sa-Noun + ang-Noun

b) Examples

Gusto	sa-Noun	ang-Noun	Eng Gloss
Gusto	sa bata	ang gatas.	*The milk is what the child wants.*
	ni Ben	ang kwarta.	*The money is what Ben wants*
	(na)ko	kini.	*This is what I like.*
	sa ilaga	ang keso.	*The cheese is what the rat wants.*
	niini	ang isda.	*The fish is what this one likes.*
	nila	ang manok.	*The chicken is what they want.*
	ni Nanay	ang kape.	*The coffee is what Mother wants.*

c) This structure answers the question UNSA'Y GUSTO?

Unsay gusto	sa bata?	Unsay gusto	sa mga batan-on?
	ni Ben?		sa mga tawo?
	ninyo?		nila ni Tess ug Ruby?
	nimo?		sa mga estudyante?
	niini?		sa mga trabahante?

d) In answering UNSAY GUSTO question, one has to study the structure. We can divide the sentence below into three parts corresponding to our structure-- gusto (1) ; sa bata (sa-Noun-2); ang gatas (ang- Noun-3)

	Gusto	sa bata	ang **gatas**
	Gusto	sa bata	ang **unsa?**
ang **unsa**	gusto	sa bata	
Unsa	ang gusto	sa bata?	

- Unsa-y gusto sa bata?

Answer:

Gatas	ang gusto	sa bata.	
	Gusto	sa bata	ang gatas.

e) Asking BA-question: Gusto ba sa bata ang gatas?

- Answer:

Oo,	gusto	sa bata	ang gatas.
Dili	gusto	sa bata	ang gatas.
Dili gatas	ang gusto	sa bata	

h) Negate this GUSTO phrase with the negator DILI.

	Gatas	ang gusto	sa bata.
Dili	gatas	ang gusto	sa bata

	Gusto	sa bata	ang gatas.
Dili	gusto	sa bata	ang gatas.

4.2 The second structure is used to refer to indefinite objects :

a) **GUSTO + ang Noun + ug/sa + Noun**

Gusto	ang-Noun	ug + Noun	*Eng Gloss*
Gusto	ang bata	ug gatas.	*The child wants milk.*
	si Ben	ug kwarta.	*Ben likes money.*
	(a)ko	ug manok.	*I like chicken.*
	ang ilaga	ug keso.	*The rat wants cheese.*
	kini	ug isda.	*This one likes fish.*

b) This structure answers the question KINSAY GUSTO

Kinsay gusto	ug bata?
	ug gatas?
	niini?
	nianang awtoha?

Kinsay gusto	ug pagkaon?
	sa mga tawo?
	niining libroha?
	sa mga estudyante?
	sa mga trabahante?

c) Answering KINSAY GUSTO questions

Kinsay gusto ug gatas? Ang bata; Siya; Ako

Kinsay gusto nila?   Ang Presidente; si Dr. Castro

d) Asking and Answering Ba-question:

Gusto ba ang bata ug gatas?

Oo, gusto ang bata ug gatas.

Dili. Dili gusto ang bata ug gatas.

e) Use the negator DILI to negate phrases like these.

4.3 KINAHANGLAN takes the same structures as those of GUSTO.

a) Structure 1   **KINAHANGLAN + sa-Noun + ang-Noun**

Kinahanglan	sa-Noun	ang-Noun	Eng Gloss
	sa bata	ang gatas.	The milk is what the child needs.
	ni Ben	ang kwarta.	The money is what Ben needs.
	(na)ko	kini.	This is what I need.
	sa ilaga	ang keso.	The cheese is what the rat needs.

Kinahanglan	niini	ang isda	The fish is what this one needs.
	nila	ang manok	The chicken is what they need.
ni Nanay		ang kape	The coffee is what Mother needs.

b) This structure answers the question UNSAY KINAHANGLAN:

Unsay kinahanglan	sa bata?
	ni Ben?
	ninyo?
	nimo?
	sa mga batan-on?
	sa mga tawo?
	nila ni Tess ug Ruby?
	sa mga estudyante?

c) Answering UNSAY KINAHANGLAN questions

Unsay imong kinahanglan?	ang kwarta
	ang awto
	ang imong libro
	ang balay
Unsay kinahanglan sa bata?	Gatas ang kinahanglan sa bata
	Kinahanglan sa bata ang gatas
Unsa may kinahanglan sa mga maestra?	Kinahanglan sa mga maestra ang ilang bakasyon

d)   Use DILI in negating Structure 1

Dili niya kinahanglan ang kwarta

Dili kinahanglan ni Ben ang libro.

Dili ko kinahanglan ang imong awto.

Dili kinahanglan sa mga maestra ang bakasyon.

Dili kinahanglan sa bata ang kape.

Dili mo kinahanglan ang tabang ko.

Dili kinahanglan nila ni Tess ang atong libro.

4.4 a) Structure 2 :

KINAHANGLAN + ang Noun + ug/sa + Noun

Kinahanglan	ang Noun	ug + Noun	*Eng Gloss*
	ang bata	ug gatas.	*The child needs milk.*
	si Ben	ug kwarta.	*Ben needs money.*
	(a)ko	ug manok.	*I need chicken.*
	ang ilaga	ug keso.	*The rat needs cheese.*
	kini	ug isda.	*This one needs fish.*

b) This structure answers the question :

KINSAY NAGKINAHANGLAN

Kinsay nag-kinahanglan	ug libro?	Kinsay nagkina-hanglan	ug pagkaon?
	ug gatas?		sa mga tawo?
	niini?		niining libroha?
	nianang awtoha?		sa mga estudyante? sa mga trabahante?

c) Answering KINSAY NAGKINAHANGLAN questions

Kinsay nagkinahanglan ug gatas?	Ang bata
	Siya
	Ako
	Sila si Tomas
Kinsay nagkinahanglan nila?	Ang Presidente
	Si Dr. Castro
	Kami ni Nora

d) Asking and Answering Ba-question:

Nagkinahanglan ba ang bata ug gatas?
Oo, nagkinahanglan ang bata ug gatas; or,
Wala nagkinahanglan ang bata ug gatas.

e) Use the negator WALA to negate NAGKINAHANGLAN phrases.

Wala nagkinahanglan ang bata ug kape; or,
Wala nagkinahanglan ug kape ang bata.
Wala ako nagkinahanglan niana.
Wala man kuno sila nagkinahanglan ug balay
Wala nagkinahanglan ang mga batan-on ug pagkaon.

4.5 *UG* is the indefinite object/goal marker.

5. EXERCISES

5.1 Tell us about the things you want to have and the things that you need. Construct a   dialog or write a composition about this in Bisaya.

5.2 Translate your dialog or composition to English.

5.3 Look at the picture below and tell us in Bisaya what you like and don't like in it.

disneyhk©jaguar0106

This lesson is an excerpt from
Jessie Grace U. Rubrico's *Magbinisaya Kita Primer 1*
ISBN 978-971-93688-0-9

Balik Tuon: Mga Lagda sa Gramatika
Review: Grammar Rules

This is a summary of the lessons you've studied in this module. Take time to review the grammar and its application in dialogs for daily use and in the gambits and response structured in your phrase book.

1. The simple Bisayan sentence may be divided into two parts --

Comment and **Topic**	
Ako	si Jessie
Filipino	ang maestra
Babaye	kita
Lalaki	sila si Pablo ug John

2. Sentence order may be flexible. Parts may change slots.
   Thus, Si Jessie ako, Ikaw misyonero, Si Paule Aleman, etc.

3. Transformations in Bisayan sentences:

		Misyonero si Paule.	
a	Negation	Dili misyonero si Paule.	
b	Yes-No Question	Aleman ba si John?	Dili, dili Aleman si John.
		Misyonero ba si Pablo?	Oo, misyonero si Pablo.
c	Tag Question	Amerikano si John, di(li) ba?	Oo, Amerikano siya

d	{ UNSA KINSA ASA }	+[pronoun / marked noun]	Unsa siya? ; Unsa si Paule? Kinsa sila? Kinsa ang maestra? Asa kamo? Asa sila si Pedro?

e	{ UNSA KINSA }	+ [linker "Y" (poss pron) + common noun]	Unsay imong ngalan? Kinsay estudyante?

R	f	{ UNSA KINSA ASA }	+ [linker "ng" + noun +a]	Unsang awtoha?
				Kinsang bataa?
				Asang kalyeha?

g	{ UNSA KINSA ASA }	+ [(particle/s) (poss/dem pron + "ng" + noun]	Unsa man diay gayod kanang tawhana?
			Kinsa man diay gayod kanang tawhana?
			Asa man diay gayod kanang tawhana?

4. Other structures/patterns for question transformation

a) Nag-unsa + (particle/s) + ang noun/(dem pron -ng + noun + definitizer -a) [This structure asks for a verb]	Nag-unsa diay ang mga bata? Nag-unsa man diay kamo? Nag-unsa man diay kining tawhana?
b) Taga-asa + (particle/s) + ang Noun	Taga-asa man diay ang imong bana?
c) Para kang kinsa + ang Noun	Para kang kinsa kini?
d) Kang kinsa + ang Noun	Kang kinsa kadtong balaya?
e) Pila + ang Noun	Pilay imong edad?
f) Tagpila + ang Noun	Tagpila ang manok?
g) Kanus-a + ang Noun	Kanus-a ang kasal?

5. Answer patterns for wh- and other questions

a) Unsa siya?   Maestra siya.
    Unsa si Paule?   Aleman si Paule.
    Kinsa sila?   Mga estudyante sila.
    Kinsa ang maestra?   Si Jessie ang maestra.
    Asa kamo?   Asa sila si Pedro?   Sa merkado. Tua sa Cebu.
b) Unsay imong ngalan?   John (ang akong ngalan)
    Kinsay estudyante?   Sila si Paule ug si Linda

112

c) Unsang awtoha ang anaa diha? Ang pula.
   Kinsang bataa ang gwapo? Ang anak ni Pablo
   Asang kalyeha ang nindot? Ang ikaupat (nga kalye)

d) Unsa man gayod diay kanang tawhana?	Ambot lang.
Kinsa man gyod diay kanang tawhana?	Anak kuno siya ni Don Pedro.
Asa man gyod diay kanang tawhana?	Tua sa America.

6. UNSA and KINSA elicit NOMINAL comment; ASA, LOCATIVE comment; PARA KANG KINSA, BENEFACTIVE; and, KANG KINSA, POSSESSIVE.

7. The personal pronouns in Bisaya are categorized into: Topic (ang Noun), Object (sa Noun), and possessives. (See table below).

Topic Pronoun		Sa-Pronoun	
ako/ko	*I*	kanako	*for/to me*
ikaw/ka	*You*	kanimo	*for/to you*
siya	*He/she*	kaniya	*for/to him/her*
	We		
kita/ta	*You and I*	kanato	*for/to us*
kami/mi	*They and I*	kanamo	*for/to us*
kamo/mo	*You and they*	kaninyo	*for/to you*
sila	*They*	kanila	*for/to them*

Possessives: Before / After the Noun			Possessive Comment	
Before	After			
ako-ng	nako	*my*	ako	*mine*
imo-ng	nimo	*your*	imo	*yours*
iya-ng	niya	*her; his*	ila	*his/hers*
ato-ng	nato	*our*	ato	*ours*
amo-ng	namo	*our*	amo	*ours*
inyo-ng	ninyo	*your*	inyo	*yours*
ila-ng	nila	*their*	ila	*theirs*

8. Demonstrative pronouns in Cebuano take the following forms:

1		2	
kini	*this*	niini	*of this*
kana	*that*	niana	*of that*
kadto	*that yonder*	niadto	*of that yonder*

a) Class 1 ~ substitutes for ang-Noun
b) Class 2 ~ substitutes for sa-Noun
c) Classes 3 and 4 are locative substitutes (adverbs)

3	4			
nia	dinhi	*here*	Nia dinhi	*It's here*
naa	dinha	*there*	Naa dinha	*It's there*
tua	didto	*over here*	Tua didto	*It's over there*

9. The ang-Nouns are phrases belonging to that class which can function as topic of the sentence. This class includes:

noun phrases marked by "ang/ang mga" [common noun]
noun phrases marked by "si/sila si/sila ni" [person/s' name]
Topic personal pronouns [ako, ikaw, siya, kita, kami, kamo. sila]
demonstrative pronouns [kini, kana, kadto]

10. The sa-Nouns are phrases belonging to that class which signals location, possession, or direction of the action. This includes the following:

sa + locative noun	sa Cebu, sa kusina, sa merkado
sa + common noun [+ person]	sa doktor, sa apohan, sa bata
sa-personal pronouns	kanako, kanimo, kanila, etc.
"kang" + person's name	kang Pedro (possessive)
demonstrative pronouns	niini, niana, niadto

11. The noun phrase (NP) may consist of:

a noun only	bata; Pedro; balay; doktor; Aleman,Filipino,Ingles
a marker/determiner + noun	ang bata; si Juan; kang Nena
a marker + poss pron + noun	ang iyang awto; ang among libro

a marker + noun + poss pron	ang awto niya; ang libro namo
a marker + (poss pron) + adjective + linker ng/nga + noun	ang imong gwapa nga anak ang iyang nindot nga balay
a marker + noun + poss pron + linker ng/nga + adjective	ang anak nimong gwapa ang balay niyang nindot
a marker + adjective + poss pron + linker ng/nga + noun	ang gwapa (ni)mong anak ang nindot niyang balay
a marker + adjective + adverb + poss pron + linker ng/nga + noun	ang gwapa kaayo niyang anak ang nindot kaayo niyang balay
dem pron marker + linker ng/nga + adjective + (poss pron) + linker ng/nga + noun	kining nindot niyang balay kanang gwapa nga babaye

12. Markers and Linkers

a) **ANG** marks singular common nouns	ang bata; ang inahan; ang kape
b) **ANG MGA** marks plural common nouns	ang mga bata; ang mga papel
c) **SI** marks a person's name	si Pedro; si Ana; si Pablo
d) **SILA SI/NI** marks plural names	sila si Juan ug Pedro
e) **POSS adjective** marks the noun possessed	among leksyon
f) **DEM PRON** + -a marks the noun specified	kining tawhana; niining balaya; kadtong kwartaha

This takes the structure: dem. pron + linker "ng" + noun + suffix -a

g) **SA** marks time, location, possession, direction [sa ~ of, in, on, at]	sa Cebu, sa Domingo, sa maestra
h) **SA** also marks definite object	tag-iya sa balay --*owner of the house* tag-iya ug balay --*house owner*
i) **KANG or NI** is used with personal names in directional or possessive phrases	para kang Pedro; tua nila ni Nena; gikan ni Maria; kang Loreta

j) **UG** marks indefinite object	Gusto ang bata ug gatas
	Kinahanglan ang estudyante ug libro
k) **UG** also links numerals	napulog (<napulo +ug ~ ten + and) siyam (19)
l) **UG** links adjectives to nouns	gwapa ug asawa >gwapag asawa
m) **The linker Y** substitutes the marker "ANG" in question phrases It's connected to the word nearest the noun phrase	Unsa ang imong ngalan? > Unsay imong ngalan? Pila man ang imong edad? Pila may imong edad?
n) **The linkers NG/NGA** links the following:	
-poss pron to nouns possessed	iya*ng* kwarto, inyo*ng* trabaho
-dem pron to definite nouns	kadto*ng* awtoha, kini*ng* balaya
-wh-phrase to nouns	unsa*ng* papela, kinsa*ng* bataa
-adjectives to nouns or vice versa	nindot nga balay/balay nga nindot ; gwapong lalaki/lalaking gwapo

The linker "ng" is used when the word to be linked ends in a vowel, while the linker "nga" is used when it ends in a consonant.

o) **The linker KA** connects numerals to nouns	duha ka libro; tulo ka dosenang itlog; lima ka kilong manok; usa ka gatus; napulo ka gatus ka libo ka pesos; upat ka oras; pito ka adlaw; siyam ka bulan; katloan ka tuig
p) **The definitizer -a** is suffixed to the noun specified	unsang orasa; kining bataa; kadtong balaya

13. Some Cebuano Particles:

a) ba	*signals emphasis or a yes-no question*	Nia ba si Maria? Wala ra ba.	
b) bitaw	*it's true*	Moabot bitaw sila	

c) diay	denotes mild surprise or disbelief; by the way	Nia ka diay?	implies: I did not expect you here
		Diay ba?	Is that so?
d) gayod/ gyud	really	nindot gyud kaayo	really very nice
e) gihapon	as usual	malipayon gihapon	happy as usual
f) kaayo	really; badly	kinahanglan kaayo	
g) kaha	expresses doubt/ wonder/ speculation	Unsang adlawa kaha kana?	What day do you think that will be
		Wala ba gayod kaha siya didto?	Isn't she really there?
h) lagi	signals persuasion	Dili lagi lisod ang Binisaya.	Believe me, Binisaya is not difficult
i) lang/ lamang	just, only	duha lang ka buok	two pieces only
		hulata lang siya	just wait for her

j) man	add-on for emphasis	Taga-asa ka man diay?	
k) na	now, already	Nia na; Adto na; Kaon na	
l) pa	still, yet, more	usa pa	one more
		wala pa	not yet
		nia pa siya	she's still here
m) ra	only, just	duha ra	only two
		kausa ra	just once
n) tingali	maybe, perhaps	tingalig ugma	maybe tomorrow
o) unta	expresses a wish or hope	Moabot unta sila unya	I hope, they'll arrive later
p) (u)sab	also, too	Nia sab ko	I'm here, too

- Particles as Sentence Modifiers

Nia si Maria	*Maria is here.*
Nia **ba** si Maria?	*Is Maria here?*
Nia **na** si Maria.	*Maria is here now*
Nia **na ba** si Maria?	*Is Maria here now?*
Nia **pa** si Maria.	*Maria is still here*
Nia **pa ba** si Maria?	*Is Maria still here?*
Nia (u)**sab** si Maria.	*Maria is also here*
Nia **na usab** si Maria	*Maria is here again*
Nia **man** si Maria.	*Well, Maria is here.*
Nia **pa man** si Maria	*Maria is still here*
Nia man diay si Maria	*Oh, so Maria is here.*
Nia pa man diay si Maria	*I see that Maria still here.*

- When particles --man, ba, diay, kuno, etc-- are present, they take precedence over the Topic personal pronouns (except for "ka") in second position.

14. **Dialog 20**: A dialog showing the use of particles

A	Kinahanglan na ba niya ang kwarta?	*Does she need the money now?*
B	Kinahanglan na man tingali niya ang kwarta	*I think she needs the money now (already).*
C	Kinahanglan ba diay niya ang kwarta?	*Oh, does she need the money?*
B	Tingalig kinahanglan na niya kaayo ang kwarta.	*Maybe she badly needs the money now.*
A	Mas kinahanglan pa ba niya ang kwarta kay sa balay?	*Does she need the money more than the house?*
C	Kinahanglan ba gyud kaha niya kini?	*I wonder if she really needs the money.*
B	Kinahanglan na lagi kuno niya kini.	*She says she really needs it.*
C	Maayo unta kon dili pa niya kinahanglan kaayo ang kwarta.	*It would have been better if she didn't need the money yet*

A	Ngano man? Kinahanglan ba usab nimog kwarta?	*Why? Do you also need the money?*
B	O sige, dili na lang niya kinahanglan ang kwarta.	*Okay, she does not need the money (if you say so)*
C	Nagtiaw-tiaw lang bitaw ko. O, nia ang kwarta.	*(The truth is) I'm just joking. Here's the money.*

15. NUMERALS

a) cardinal	1-10	usa, duha, tulo, upat, lima, unom, pito, walo, siyam, napulo
	11-19	napulog + basic num; 20 ~ kawhaan
	21-29	kawhaag + basic num ~ kawhaag duha (22)
	30-90	katloan, kap-atan, kalim-an, kan-uman, kapitoan, kawalwan, kasiyaman;
	100s	hundreds ~ basic num + ka + gatus > usa ka gatus
	1000s	thousands ~ basic num + ka + libo > tulo ka libo

b) ordinal	ika + basic number (except for first and last)	una; ikaduha; ikanapulo'g tulo; ikakawhaag lima; katapusan
	linking ordinals to nouns	Unang Ginang (*First Lady*) katapusang biyahe (*last trip*)
	ika + basic num + linker "ng" + noun	ikatulong ganti (*third prize*)
c) frequency	maka + basic num	(ma)kapila (*how often*)
		kausa (*once*); kaduha (*twice*), etc.

This lesson is an excerpt from
Jessie Grace U. Rubrico's *Magbinisaya Kita Primer 1*
ISBN 978-971-93688-0-9

D Katapusang Pasulit
Final Examination

1. Translate these questions to Cebuano then answer them.
   Example: How many children do they have?
   - a) Pila ka buok ang ilang mga anak?
   - b) Tulo ka buok

   1. What are the days of the week?
   2. How many years are there in a century?
   3. When was the EDSA Revolution?
   4. Who is the President of the Philippines?
   5. How much is a kilo of fish?
   6. Whose books are those on the table near the kitchen?
   7. For whom are those cars and houses?
   8. Are they in Cebu?
   9. Are the children happy or sad?
   10. Where are the American students?
   11. What do the teachers like?
   12. Do the children need good teachers?
   13. Do you like to go now?
   14. What time does the plane from Cebu arrive?
   15. Have they arrived yet?

2. PLAYING/EXPERIMENTING WITH SENTENCE STRUCTURES.

Choose five of the translated questions above, convert them to simple sentences, then transform them to as many structures as you can. (i.e., negate, elicit information by using question particles, use the different degrees of adjective comment, etc.)

3. Encircle the word that does not belong to the group. Choose the best answer.

1. may, duna, naa, wala, daghan, dili.
2. pila, ikapila, kapila, tagpila, pila kabuok.
3. tua didto, nia dinha, wala dinha, naa ninyo.
4. gahapon, ganina, gabii, unya.
5. una, ikanapulo, kadaghan, katapusan.
6. adlaw, bulan, oras, petsa.
7. asa, hain, diin, kinsa

4. Write down ten Cebuano expressions and try to construct a dialog with these.

5. In not less than 100 words, write something about yourself in Cebuano.

HAVE FUN AND GOOD LUCK!

This lesson is an excerpt from
Jessie Grace U. Rubrico's *Magbinisaya Kita Primer 1*
ISBN 978-971-93688-0-9
Copyright @2009 by the author. All Rights Reserved.

Appendix

Glossary

aduna	*there is/are*
(a)nia	*here*
(ka)gabii	*last night*
(ka)gahapon	*yesterday*
(ka)ganina	*a while ago*
(ka)niadto	*in the past*
?ak-?ak	*split*
abog'	*dust*
abogado	*lawyer*
Abril	*April*
adlaw	*sun; day; birthday*
adobo	*pork dish*
adto; adtoa	*(you) go*
agad	*depend on*
Agosto	*August*
ako	*my; mine*
ako/ko	*I*
aksyon	*action*
Aleman	*German*
alimango	*crab*
amahan	*father*
amakan	*bamboo weave*
amihanan	*north*
amo	*our; ours*
ámo	*master*
amo'?	*monkey*
ámo?	*ours*
anak	*child*
ang	*the*
ania; nia	*here*
anibersaryo	*anniversary*
apohan	*grandparent*

asa	*where*
asawa	*wife*
asin	*salt*
asu'kar	*sugar*
atbang	*across from*
ato	*our; ours*
atop	*roof*
awto	*car*
ayo	*good; fix*
ba (*particle*)	*signals emphasis, or a yes-no question*
babaye	*woman*
baboy	*pig*
badbad	*untie*
bag	*bag*
bag-o	*new*
bahaw	*leftover food*
bahin sa	*about*
baka	*cow*
bakasyon	*vacation*
balay	*house*
balde	*pail*
balik	*come back*
balik tuon	*review*
balkon	*porch*
balud	*wave*
bana	*husband*
bángko	*bank*
bangus	*milkfish*
banig	*mat*
barato	*cheap*
barato-barato	*a bit cheaper*
barko	*boat*
basaha	*read*

baso	*glass*
bastos	*ill-mannered*
bata	*child*
batan-on	*young; youth*
bato	*stone*
bayad	*payment*
bayani	*hero*
bentana	*window*
bildo	*glass*
binisay-a	*say in Bisaya*
bisita	*visitor*
biyahe	*trip*
blangko	*blank*
brilyante	*diamond*
bugkos	*bundle*
bugoy	*bum*
buhaton	*to do*
bukag	*basket*
bulad	*dried fish*
bulak	*flower*
bulan	*month; moon*
buntag	*morning*
buok	*piece*
bwinggit	*eye irritation*
Byernes	*Friday*
choriso	*sausage*
dapit	*invite*
daan	*old*
daghan	*plenty; many*
dagko	*big*
dako	*big*
dala	*bring*
dalan	*road; way*

daotan	*bad*
dapit	*place*
dayon	*proceed*
dayón	*come in*
didto	*over there*
diin	*where*
dili	*no; not*
dili g(a)yud	*never*
dingding	*wall*
dinha	*there*
dinhi	*here*
diretsoha	*go straight*
Disyembre	*December*
diyes	*ten*
Dodong	*young boy (Vocative)*
doktora	*woman doctor*
Domingo	*Sunday*
dos	*two*
dosena	*dozen*
dosientos	*two hundred*
drayber	*driver*
dug-ol	*near to each other*
duha	*two*
duna; dunay	*there is/are*
duol	*near*
dwende	*dwarf*
dyamante	*diamond*
ekstra	*extra*
Enero	*January*
enhinyero	*engineer*
eroplano	*airplane*
erport	*airport*
eskwelahan	*school*

estudyante	*students*
gabii	*night; evening*
gahapon	*yesterday*
gamay	*small; few*
ganina	*a while ago*
garahe	*garage*
gastohon	*to spend*
gatas	*milk*
gaw	*cousin (Vocative)*
gawas	*outside*
gayod	*really*
gidak-on	*size*
gidapit	*was invited*
gihapon	*as usual*
giihaw	*butchered*
giingnan	*was told*
gikan	*from*
gikan dinhi	*from here*
gikinahanglan	*needed*
gilamisa	*was served (food)*
ginikanan	*parent*
gipalit	*was bought*
gisilbi	*was served*
gitara	*guitar*
grabe	*serious*
grupo	*group*
gusto	*like; want*
gutlo	*moment*
gwapa	*beautiful*
gwapo	*handsome*
habagatan	*south*
hagdan	*stair*
hain	*where*

G l o s s a r y

haligi	*post*
hamon	*ham*
hangyo	*request*
hapon	*afternoon*
Hapón	*Japanese*
hatag	*give*
hatdog	*hotdog*
higala	*friend*
hinay	*slow*
hospital	*hospital*
hubkas	*40th day after death*
hulaton	*to wait for*
Hulyo	*July*
Hunyo	*June*
husto na	*that's enough*
huwes	*judge*
Hwebes	*Thursday*
ig-agaw	*cousin*
igna	*(you) tell*
igsoon	*sibling*
igsoong babaye	*sister*
igsoong lalaki	*brother*
ikaduha	*second*
Ikalima	*fifth*
ikanapulo	*tenth*
ikapila	*place in ranking*
ikapito	*seventh*
ikatulo	*third*
ikaupat	*fourth*
ikaw/ka	*You, singular*
iksakto lang	*just right*
ila	*their; theirs*
ilaga	*rat*

imo	*your; yours(singular)*
inahan	*mother*
Inday	*little girl (Vocative)*
ingon	*said*
init	*hot*
inyo	*your; yours (plural)*
isda	*fish*
isla	*island*
itlog	*egg*
iya	*his, her; his, hers*
iyaan	*aunt*
kaadlawon	*dawn*
kaayo (adv)	*very*
kaayo (noun)	*goodness*
kabaw	*carabao*
kabuntagon	*morning*
kadaghan	*several times*
kadto	*that yonder*
kadugay	*length (time)*
kadugo	*blood relatives*
kaduha	*twice*
kagabhion	*evening/night*
kagabii; gabii	*last night*
kagahapon	*yesterday*
kaganina	*a while ago*
kagiw	*flee*
kaha *(particle)*	*expresses doubt, wonder, speculation*
kahaponon	*afternoon*
kahoy	*tree; wood*
kalim-an	*fifty*
kalye	*street*
kama	*bed*
kamagulangan	*eldest sibling*

kamanghoran	*youngest sibling*
kamatayon	*death*
kami/mi	*we (exclusive)*
kaminyoon	*marriage*
kamo/mo	*you, plural*
kana	*that*
(ka)niadto	*in the past/ before*
kan-uman	*sixty*
kanus-a	*when*
kaon	*eat*
kap-atan	*forty*
kape	*coffee*
kapetera	*teapot; coffee pot*
kapila	*How often*
kapitolyo	*capitol*
kapituan	*seventy*
karneng baboy	*pork*
karneng baka	*beef*
karon	*now; today*
kasadpan	*west*
kasal	*wedding*
kasiyaman	*ninety*
katapusan	*last; end*
katloan	*thirty*
katulo	*thrice*
kauban	*companion*
kaudtohon	*noontime*
kausa	*once*
kawalwan	*eighty*
kawayan	*bamboo*
kawhaan	*twenty*
kawkaw	*dip into*
keso	*cheese*

kilumkilom	*dusk*
kinahanglan	*necessary; need*
kini	*this, these*
kinientos	*five hundred*
kinsa	*who*
kinsena	*fortnight*
kita/ta	*we (inclusive)*
kolor	*color*
Krus	*cross*
ku?ko?	*curl oneself*
kugihan	*industrious*
kuhaon	*to get*
kusgan	*strong*
kusina	*kitchen*
kusinero	*cook*
kusog	*(n) strength; (adj) fast*
kutsara	*spoon*
kutsilyo	*knife*
kwarenta	*forty*
kwarta	*money*
kwarto	*room*
kweba	*cave*
kyugpos	*fold arms*
lab-as	*fresh*
lalaki	*male, man*
lamas	*spice*
lami	*delicious*
lamisa	*table*
lang (*particle*)	*only, just, mere*
larawan	*picture*
layo	*far*
lemonada	*lemonade*
libro	*book*

ligo	take a bath
lig-on	durable
lima	five
lola	grandmother (Voc)
lolo	grandfather (Voc)
luag	loose
lubay	flexible
lubi	coconut
lugaw	porridge
Lunes	Monday
luya; luyahon	weak
maanindot	nice
maayo	good; fine
maestra	teacher
mag-awto	to ride a car
magdugay	to stay long
magkita	to see each other
magminyo	to marry
magpakasal	to wed
magpalit	to buy
magsoon	siblings
magtudlo	to teach
magtuon	to study
magulang	older sibling
mag-unsa	will do what
mahal	expensive; dear
mahibalo	to know
mahimo	can
mahinungdanon	important
makabiyahi	able to travel
makadaghan	many times
makalima	five times
makapila	how many times

makasabot	*can understand*
makasulti	*can speak*
makatulo	*thrice*
makausa	*once*
makita	*can be seen*
malipayon	*happy*
Mama, Nanay	*mother (Voc)*
Manang *(Voc)*	*older sister*
mananghid	*to ask permission*
manghod	*younger sibling*
mangutana	*to ask a question*
manok	*chicken*
Manong *(Voc)*	*older brother*
mantikilya	*butter*
mapa	*map*
Marso	*March*
Martes	*Tuesday*
mas	*more*
masulob-on	*sad*
maut	*ugly*
may	*there is/are*
Mayo	*May*
mayor	*mayor*
merkado	*market*
mga batan-on	*young people*
minahal	*loved one*
minuto	*minutes*
misyonero	*missionary*
miting	*meeting*
moabot	*to arrive*
moadto	*to leave*
mobakasyon	*to take a vacation*
mobalik	*to come back*

Glossary

mogikan	*to leave, to depart*
molakaw	*to go; to leave*
monyeka	*doll*
mopalit	*to buy*
mopauli	*to go home*
motambong	*to attend*
mubo	*short*
mugbo	*short*
mwebles	*furniture*
Myerkules	*Wednesday*
na *(particle)*	*now, already*
naa	*there is*
nag-andam	*prepared*
nagdugtong	*linked*
nag-ilaila	*getting to know each other*
nagtudlo	*teaching*
nakauli	*was able to go home*
nako/ko	*my*
namo	*our (exclusive)*
napulo	*ten*
nars	*Nurse*
nato /ta	*our (inclusive)*
ngadto sa	*to*
ngalan	*name*
ngano	*why*
ngi'pon	*teeth*
nia	*here*
niadto	*of that yonder*
niana	*of that*
niini	*of this*
nila	*their*
nimo /mo	*your (singular)*
nindot	*nice*

ninyo	*your (plural)*
nipa	*nipa shingle*
niwang	*thin*
niya	*his, her*
Nobiembre	*November*
nubenta	*ninety*
numero	*number*
nwebe	*nine*
nyebe	*snow*
Oktubre	*October*
opisina	*office*
oras	*time; hour*
otsenta	*eighty*
pa (*particle*)	*still, yet, more*
pa'bo	*turkey*
paborito	*favorite*
pag-aplay	*apply*
pagbansay	*practice*
pagdali	*hurry*
paghandom	*remembering*
pagkamahal	*how expensive*
pagkaon	*food*
pagpananghid	*asking permission*
pagsakay	*(you) ride*
pagsaulog	*celebration*
pag-umangkon	*niece; nephew*
pag-usab	*again*
pahoy	*scarecrow*
paingon sa	*going to*
palaliton	*goods being sold*
palda	*skirt*
palibot	*surrounding*
palihug	*please*

palis	1-3 o'clock pm
paliton	to buy
pamahaw	breakfast
pamanhonon	bridegroom
pamatia	listen
pamilya	family
paminawa	listen
paminta	pepper
pan	bread
panagtipon	get together
pangasaw-onon	bride
pangit	ugly
pangutana	question
panihapon	supper
paniudto	lunch
pantalan	pier
pantalon	pants
Papa, Tatay	father (Voc)
papel	paper
para	for
pareha	same
parti	party
pasayan	shrimp
Pasko	Christmas
patatas	potato
payag	hut
Pebrero	February
petsa	date
pila	how much
pila(ka buok)	how many
pinakakusog	the fastest
pinakamahal	the most expensive
pinakataas	the tallest

pinakatapulan	*the laziest*
piot	*tight*
pirmahan	*to sign*
pitaka	*wallet*
pito	*seven*
plano	*plan*
platito	*saucer*
plato	*plate*
pliti	*fare*
polo	*polo shirt*
prangka	*frank*
presyo	*price*
propesor	*professor*
prutas	*fruit*
pula	*red*
pusil-pusil	*toy gun*
putos	*pack*
pwerta	*door*
pyano	*piano*
ra *(particle)*	*only, just*
relo	*watch (clock)*
retirado	*retired*
sa likod	*at the back; behind*
sab?a	*kind of banana*
Sabado	*Saturday*
sabon	*soap*
saging	*banana*
sais	*six*
saisenta	*sixty*
sakay	*ride*
sala	*living room*
salog	*floor*
sama	*as ; like*

G l o s s a r y

sanipa	*gutter facade*
sapatos	*shoes*
segundo	*seconds*
sekretaryo	*secretary*
semana	*week*
Septembre	*September*
siete	*seven*
siglo	*century*
sigurado; siguro	*sure; certain*
sila	*they*
simbahan	*church*
singko	*five*
singkwenta	*fifty*
sinihán	*moviehouse*
sinina	*dress*
sinugatan	*presents*
sitenta	*seventy*
siya	*he/she*
siyam	*nine*
siyen	*hundred*
sud-an	*viand*
suka	*vinegar*
sukad	*since*
sukod	*measure*
sulod	*inside*
sundalo	*soldier*
sunod	*follow; next*
superbisor	*supervisor*
swapang	*greedy*
syagit	*shout*
taas	*tall*
tabang	*help*
taga-asa	*from where*

taga-dinhi	*from here*
tagai ko	*give me*
tag-as	*tall*
tag-iya	*owner*
tagpila	*how much each*
tag-usa	*one each*
talagsa; panagsa	*seldom; rarely*
taliwtiw	*pointed (nose)*
talong	*eggplant*
tambok	*fat*
tana	*let's go*
tan-aw	*look*
tan-awon	*to look at*
tapad; tupad	*beside*
tapolan; tapulan	*lazy*
tasa	*cup*
tawo	*man*
terminal sa bus	*bus terminal*
Tia, Tita, Yaya	*aunt (Vocative)*
tiil	*feet*
tinapay	*bread*
tindahan	*store*
tingali	*maybe*
tinidor	*fork*
tinuig	*annual*
tinuod	*true*
Tio, Tito, Yoyo	*uncle (Vocative)*
trabaho	*work; job*
trabahoon	*to work on*
traktor	*tractor*
trapo	*rag*
traynta	*thirty*
traysikol	*tricycle*

tres	*three*
tsa	*tea*
tseke	*check*
tsuper	*chauffeur*
tua sa	*there*
tubig	*water*
tubó	*sugar cane*
tugkad	*fathom*
tugnaw	*cold*
tuhod	*knee*
tuig	*year*
tulay	*bridge*
tul-id	*straight*
tulo	*three*
tun- i	*study*
tungang gabii	*midnight*
tuó	*right (hand)*
túo	*believe*
tuon	*study*
tupad	*beside*
twerka	*screw*
tyabaw	*cry aloud*
ubos	*below*
udto	*noon*
udtong tutok	*high noon*
ug	*and*
u'lo	*head*
umoy	*strength*
una	*first*
uno	*one*
unom	*six*
unsa	*what*
unsaon	*what for*

unya	*later*
upat	*four*
usa	*one*
usa ka gatus	*one hundred*
usa ka libo	*one thousand*
usahon	*combine*
ugma	*tomorrow*
us-us	*slide down*
utan(on)	*vegetables*
uyoan	*uncle*
wala	*none; not here*
walá	*left hand*
wala dinha	*not there*
wala pa sukad	*never*
wala?	*none*
wála?	*lost*
walo	*eight*
wa'say	*ax*
yahong	*bowl*
ya'wi	*key*

Adlaw, Bulan Ug Pista Opisyal
Day, Month and Legal Holidays

Mga Adlaw sa Semana (Days of the week)

Domingo	Sunday
Lunes	Monday
Martes	Tuesday
Myerkules	Wednesday
Hwebes	Thursday
Byernes	Friday
Sabado	Saturday

Mga bulan sa tuig (Months of the year)

Enero	January	Hulyo	July
Pebrero	February	Agosto	August
Marso	March	Septembre	September
Abril	April	Oktubre	October
Mayo	May	Nobiembre	November
Hunyo	June	Disyembre	December

Mga Pista Opisyal (Legal Holidays)

Bag-ong Tuig	New Year
Semana Santa	Holy Week
Hwebes Santo	Maundy Thursday
Byernes Santo	Good Friday
Domingo sa Pagkabanhaw	Easter Sunday
Adlaw sa mga Mamumuo	Labor Day
Adlaw sa Kagawasan	Independence Day
Adlaw sa Nasudnong mga Bayani	National Heroes Day
Pasko	Christmas
Adlaw ni Rizal	Rizal's Day

Common Expressions
and Useful Phrases

(ka)niadtong Lunes	*last Monday*
(ka)niadtong miaging semana	*lastweek*
(ka)niadtong usa ka tuig	*last year*
adlaw nga mahinungdanon	*important day*
adlawng natawhan	*birthday*
alang sa iyang asawa	*for his wife*
alang/para kang kinsa	*for whom*
Ambot lang	*I don't know*
anibersaryo sa kasal	*wedding anniversary*
apan mahal ra kaayo	*but it's too expensive*
Asa ang balay . . .?	*Where's the house. . .?*
Asa ka paingon?	*Where are you going?*
asukar ug suka	*Sugar and vinegar*
bag para sa eskwela	*school bag (bag for school)*
bag ug pitaka	*bag and wallet*
balay nga tawhan	*haunted house*
baso sa tubig	*water glass*
Binisay-a ang mosunod	*Say the following in Bisaya*
daghag trabaho	*much work; busy*

C	Daghang salamat	*Thank you very much*
o	Dayon.	*Come in.*
m	Di(li) (a)ko sigurado	*I'm not sure*
m	diha lang sa duol	*it's just nearby*
o	Diha lang; duol lang	*just there; it's near*
n	Doktor ako; misyonero sila.	*I'm a doctor; they are missionaries*
E	dunay miting	*there is a meeting*
x	dunay tuyo	*has a purpose*
p	duol kaayo; layo kaayo	*it's very far; it's very far*
r	estrolyadong itlog	*egg prepared sunny side up*
e	gagmayng yahong	*small bowls*
s	husto na	*that's enough*
s	Igo-igo lang.	*It's just right.*
i	ika-25 nga anibersaryo	*25th anniversary*
o	ikaduhang ganti	*second Prize*
n	ikakawhaan nga anibersaryo	*twentieth anniversary*
s	ikakwarenta ka adlaw	*fortieth day*
	ikalimang awto	*fifth car*
	ikanapulo nga trabaho	*tenth job*

ikapitong adlaw	*seventh day*
ikasiyam nga semana	*ninth week*
ikatulong dapit	*third place*
ikaunom nga plano	*sixth plan*
ikaupat nga balay	*fourth house*
ikawalong kwarto	*eighth room*
iksakto lang	*just right*
iksakto lang ang gidak-on	*the size is just right*
Ininglisa ang mosunod	*Translate the following to English*
Ipatubag sa imong partner	*Let your partner answer*
itlog nga nilung-ag	*boiled egg*
itlog ug choriso	*egg and sausage*
kagahapon sa udto	*yesterday noon*
kanang sunod	*that next one*
kang Joe	*Joe's*
kang kinsa	*whose*
Kanindot sa Payag!	*How Nice the Hut is!*
kan-on ug sud-an	*rice and viand*
karong adlawa	*today*

Common Expressions

karong buntaga	*this morning*
katapusang biyahe	*last trip*
katapusang estudyante	*last student*
katapusang semana	*last week; final week*
kauban sa opisina	*officemate*
kilid sa payag	*beside the hut*
Kumusta ka man?	*How are you?*
kwadradong banig	*framed mat*
kwarta para sa libro	*money for the book*
lainlain ang kolor	*different colors*
lamiang pamahaw	*delicious breakfast*
Layo ba kana?	*Is that far?*
layo-layo sab	*it's a little far*
lig-on nga bag	*durable bag*
maanindot nga mga bulak	*beautiful flowers*
Maayo man unta (kad)to	*That would have been okay*
Maayo man. Ikaw?	*I'm fine. And you?*
maayo nga pahulayan	*fine resting place*
Maayo! Maayo!	*Is anybody home?*

Maayong buntag	*Good morning*
Maayong hapon, Nang.	*Good afternoon, Ma'am.*
mahalon nga bag	*expensive bag*
Mahimo bang mangutana?	*Can I ask (you) a question?*
makadaghan na	*many times already*
mantikilya ug jam	*butter and jam*
Mga alas dos pa.	*It's only 2 o'clock.*
Mga alas singko tingali.	*Maybe at 5 o'clock.*
mga minahal sa kinabuhi	*loved ones*
Moadto/molakaw na (a)ko	*I'm leaving now; Goodbye*
Mobalik na lang ko unya.	*I'll just come back later.*
Nia ang bayad	*Here's the payment*
O sige	*Okay*
Pag-ayo-ayo	*Take care*
Pagdali!	*Hurry!*
Pagpangutana ug Pagtubag	*Asking and Answering*
Palihug ra kog hatag niya niini	*Please give this (to her/him) for me*
Paminawa ang audio	*Listen to the audio*
paminta ug asin	*pepper and salt*

Useful Phrases

Common Expressions

pila, tagpila	*how much, how much each*
sa gawas	*outside (of the country)*
sa Pasko	*on Christmas*
sa sunod bulan	*next month*
sa umalabot nga tuig	*in the coming year*
Sige, magpalit na kog tiket.	*Okay, I'll buy the ticket now*
Sige, Nang. Moadto na ko	*I'm going now, Ma'am.*
Sige, salamat.	*Okay, thank. you.*
sulod sa plorera	*inside the flower vase*
taas nga tawo	*tall person*
Taga-asa man kamo?	*Where are you from?*
tagai ko	*give me*
tubaga ang mga pangutana	*answer the questons*
Tun-i kini	*Study this*
ugma sa buntag	*tomorrow morning*
unang adlaw	*first day*
unang biyahe	*first trip*
Unang Ginang	*First Lady*
Unang Pasulit	*First Examination*

Ponolohiya Sa Cebuano
Cebuano Phonology

1. Cebuano Sounds (phonemes)

Sixteen consonants and three vowels constitute the segmental phonemes of the Cebuano language. These are: /b, k, d, g, h, l, m, n, ng, p, r, s, t, w, y, ?/ and /a, i, u/ respectively. Stress and length constitute its suprasegmentals.

1.1 These **consonants** are articulated as follows:

	Eng. Key	Ceb Words	English Gloss
/b/	bank	ba'ta	child
/k/	carpet	kape'	coffee
/d/	dike	da'lan	road
/g/	gate	ga'tas	milk
/h/	hot	hag'dan	stair
/l/	luck	lamas'	spice
/m/	man	manok'	chicken
/n/	now	nut'buk	notebook
/ng/	ring	ngi'pon	tooth
/p/	pen	papel'	paper
/r/	red	relo'	clock
/s/	soap	sabon'	soap
/t/	tap	ta'wo	person
/w/	wash	wa'say	ax
/y/	yen	ya'wi	key
/?/	?uh?uh	amo'?	monkey

1.2 The Vowels:

/a/	low central vowel		Eng. father	asúkar , pábo, abóg
/i/	high-front vowel	[i]	Eng. beat	ikáw, tiíl, asín
		[I]	Eng. bit	tséke, papél
/u/	mid-high back	[o]	Eng. bought	túo, bástos, túhod
	vowel	[u]	Eng. boot	tinúod, úlo, tubig

1.3 Stress is indicated by an apostrophe [']. Stress is phonemic in Cebuano.

túo (believe) tuó (right hand)

walâ (none) walá (left hand) wála (get lost)

ámô (ours) amô (monkey) ámo (master)

Cebuano words may be accented:

a) on the penultimate vowel as in dayon , unya, ligo;

b) on the final vowel as in dayon, wala, sukad;

c) on both vowels in a two-syllable word, if these vowels are glottal as in ku?ko?; sa?b-?a; ?ak-?ak ("?" indicates glottal accent).

d) the position of the stress on the stem (i.e., final or penult) is retained when suffixation is applied as in palit - palitan

e) in word reduplication, the stress of the base is carried over as primary stress on the second component while the initial component gets the secondary stress.

Example: gamaygamay, hinayhinay

f) the glottal stress - whether in the initial, medial, or final position- is retained whenever affixation is applied. Example: ?ayo - ma?ayo

1.4 Vowel Length - Stressed vowels in Cebuano may have length which is an element in contrasting phonemes:

da:pit (*invite*) - dapit (*place*)

ba:y (*house*) - bay (*vocative for friend*)

2. Phonotactics: Sequencing of Phonemes

2.1 Diphthongs

/ aw /	lugaw, bahaw, kawkaw
/ ay /	balay, tinapay, lubay
/ iw /	kagiw, taliwtiw
/uy /	kahoy, pahoy, bugoy

2.2 Consonant Clusters

C1	C2	
p	l, r, w, y	plano, prangka, pwerto, pyano
k	l, r, w, y	klima, krus, kweba, kyugpos
b	l, r, w, y	blangka, brilyante, bwinggit, Byernes
t	r, w, s, y	trapo, twerka, tsuper, tyabaw
d	r, w, y	drayber, dwende, dyamante
g	r, w	grabe, gwano
m	w, y	mwebles, myerkules
n	w, y	nwebe, nyebe
s	w, y	swapang, syagit
h	w	hwes

2.3 Syllabification. A Cebuano syllable may consist of:

a Vowel	V	a-ko, i-mo, ad-to-a
Consonant + Vowel	CV	ka-ma, ta-na, ba-to
Vowel + Consonant	VC	us-us, un-ya, ug-ma
Vowel between two Consonants	CVC	u-moy, kal-ye, bal-de
two Consonants + Vowel	CCV	kla-ro, gru-po, pla-to
two Consonants + Vowel + Consonant	CCVC	krus, trak-tor, hwes,
Vowel + two Consonants	VCC	ak-syon, kwar-ta, eks-tra

Cebuano words are read exactly as written/spelled

3. Morphophonemic processes

Some phonemic changes occur in certain environments. These may be due to the following morphophonemic processes.

3.1 Assimilation. This process generally occurs during affixation when a phoneme takes the point of articulation of its neighbor.

Note the changes that occur when affix mang- [maN] is
prefixed to roots which begin with nasals.

(a) maN- + palit	mangpalit	mampalit	mammalit	mamalit
(b) maN- + kahoy	mangkahoy	mangngahoy	mangahoy	
(c) maN- + dakop	mangdakop	mandakop	mannakop	manakop

In Example (a), the N is bilabial, /m/, since it takes the point of
articulation of /p/, after which it is totally assimilated and the affixed
form becomes "mamalit" after degemination. This is progressive
assimilation, where the preceding phoneme is influenced by the one
following it.

Example (b) is regressive assimilation, where the initial consonant
of the root is totally assimilated by the velar nasal before it.

In Example (c) the N becomes alveolar to partially assimilate
with /d/, and /d/ in turn is totally assimilated to come up with
"manakop."

3.2   Deletion

a) Final vowel of the base may be deleted after suffixation.

Examples:

sukod + -on	sukodon >	sukdon
kaon + -an	kaonan >	kan-an
agad + -on	agadon >	agdon
higot + -i	higoti >	higti

b) The phoneme /l/ may be deleted when it is between two
/ a /. The initial / a / is then lengthened and the final /a /
deleted. Examples

base	a	b.
balay >	baay >	ba:y
sala >	saa >	sa:

3.3 Alternation

a) [l] alternates with [w]   when it is between /a/ and /u/

Examples: balud ~` bawud, bulad ~ buwad, salud ~ sawud

b) [d] > [r] after suffixation. Examples:

badbad + on	badbadon >	badbaron
tugkad + an	tugkadan >	tugkaran
tul-id + on	tul-idon >	tul-iron

3.4 Metathesis. This process of reordering the phonemic sequence after suffixation is often accompanied by the deletion of the final vowel of the base. Examples:

Affixation	Deletion		Metathesis
bilin + an	bilinan >	bilnan >	binlan
inom + a	inoma >	inma >	imna
sulod + i	sulodi >	suldi >	sudli
tanum + an	tanuman >	tanman >	tamnan

3.5 Epenthesis The insertion of a vowel or a consonant into some borrowed words is practised in Cebuano in accordance with its phonotactics. This brings about euphony, which is characteristic of the language. Also, it   makes the word easier to pronounce.

- Examples:
Spanish - tia > tiya ; viaje > biyahe

English - smart > esmarte; ball > bola

This lesson is an excerpt from
Jessie Grace U. Rubrico's *Magbinisaya Kita Primer 1*
ISBN 978-971-93688-0-9

Thank You for Purchasing the
Magbinisaya Kita Primer 1!

if you have any comments, suggestions or if
you just want to write us ,
we encourage you to write at

support@languagelinks.org

visit our website at
www.languagelinks.org

and our partner websites
lessons.wikapinoy.com
lessons.magbinisaya.com

more products are available at
www.wikapinoy.com

Made in the USA
Lexington, KY
04 January 2016